THE ULTIMATE BOOK OF SU DOKU 1

PETE SINDEN

ATRIA BOOKS
New York London Toronto Sydney

ATRIA BOOKS
1230 Avenue of the Americas
New York, NY 10020

Published by arrangement with Crombie Jardine Publishing Limited
Originally published in Great Britain in 2005 by Crombie Jardine Publishing Limited

ISBN-13: 978-0-7432-9221-4
ISBN-10: 0-7432-9221-9

First Atria Books trade paperback edition November 2005

1 3 5 7 9 10 8 6 4 2

Manufactured in the United States of America

INTRODUCTION

There are two types of people in the world today: those hooked on Su Doku, and those about to be.

Su Doku is a mind-bending and pleasantly addictive number-placement game that exercises your brain and helps you escape from the everyday stresses of life.

Puzzles are ordered according to their difficulty, and organized into four categories: from the Painless (best to start here or play these when you're not feeling like Einstein), to the Tricky (so you think you can play Su Doku?), then on to the Nasty (come on then, try me!), and finally to those of Migraine-inducing difficulty (number crunching for the professional Su Doku addict).

Each puzzle is a nine-by-nine grid divided into nine horizontal rows, nine vertical columns and nine three-by-three blocks. Each puzzle is presented with just a few numbers showing. To complete each puzzle, the player must place numbers from 1 to 9 in the empty cells so that, when the grid is full, every column, row and block contains all the numbers from 1 to 9 with no repeats.

Sounds simple, but then all the best puzzles do—until you start playing. Good luck, enjoy, and be warned: if you're not hooked already, you soon will be!

ABOUT THE AUTHOR

Pete Sinden is the inventor of SudokuMania (www.sudokumania.com), a highly sophisticated and unique computer application built solely to create pure brain-teasing Su Doku puzzles for the pleasure of humans.

As a specialist in the creation of intelligent systems, Pete has brilliantly applied his knowledge of artificial intelligence, computer modeling and simulation techniques to provide puzzles that adhere purely to the rules of true Su Doku: playability, symmetry, beauty and singularity. All his puzzles are self-created and no puzzle is duplicated among any of his books. His computer software is used in more than a hundred American universities.

As well as having a black belt in Su Doku, Pete holds degrees from Oxford University, University College London and the University of Georgia, and is an international business executive.

He lives and works in London.

PAINLESS

3		1	6	4			2	8
			5		2	6	9	
	6	9	8		7			
			9		8	3		
				2				
		6	1		3			
			2		1	8	4	
	8	4	7		6			
7	9			8	4	5		1

1

	1			3	4	2	8	5
	4		2			1		
8					1	6	3	
		6			5			7
4			1		2			8
2			8			4		
	7	8	5					2
		4			3		9	
3	2	1	4	8			5	

2

3

					6	3		7
7		6			1		4	
8	9	1	4		7			
4	2					5	7	
5				7				8
	1	7					9	6
			6		3	9	8	4
	5		7			2		1
6		4	9					

4

	5	6	7	2	3	8		
	1		4	8	9	2		
9								
8	3		9	5	2			
		9				7		
			1	4	7		8	3
								8
		4	3	6	8		1	
		8	5	7	1	6	2	

5			3			9		7
8		4					3	
7	3	6	5					
1	2		9				5	
			7	3	6			
	6				1		7	4
					5	1	6	8
	4					7		2
9		1			2			3

5

5	6	4			9			
		3	4		6	8		5
	4	9	8		3			
	8	7	6	5	4	9	1	
			9		2	7	4	
6		8	2		5	4		
			3			5	7	6

6

7

			4	9	1	8	7	2
7				2		6	4	
4			7		3			1
5		9		8				
				7				
				4		2		6
6			9		4			8
	2	3		1				4
8	4	7	6	5	2			

8

		1				9	7	2
		9			2			
		4	9		5		8	6
9		5		4	6	8		1
8								4
4		6	8	3		5		9
5	4		6		7	3		
			4			6		
1	6	8				2		

5					2			9
		4	6		1	2		8
1	2							
8				1	6	9	7	5
6								4
9	3	5	7	8				1
							6	7
4		6	1		9	8		
2			5					3

9

4		7					3	2
					8	5		
			4	3	6			
			8			3	1	
3								9
	1	6			5			
			5	2	7			
		5	6					
8	3					6		5

10

11

8	7	6	5					
3	5		4				6	1
		4	3	6		9		
	3			5	6			
	1						9	
			2	8			3	
		2		9	5	7		
5	9				7		1	8
					3	6	5	9

12

		6		2	4		8	
	3		8				4	
8	4	1		5	3			7
3	1					5		4
9								2
7		5					3	6
6			4	8		2	1	9
	8				1		5	
	5		3	9		4		

		5	2					9
	1		7	4			6	
		6	9			7	8	
6	7		8				9	1
	9	2				8	7	
5	8				9		2	6
	2	4			8	3		
	6			5	2		1	
8					7	6		

13

	8	9		4	6			
	6		1		2	7	4	8
			8			6		3
							5	4
4		2				8		1
6	1							
2		5			4			
8	7	1	5		9		2	
			2	8		3	7	

14

15

	8	6			5	2		
	7	4				5	1	
	5	1	2			8	3	4
				5	8	9		
6								5
		8	9	3				
4	9	3			7	1	6	
	6	2				4	5	
		5	3			7	2	

16

8		5	3			6		7
		6	1					3
9			7		2		5	
4	5			2		9		
			9		7			
		3		4			7	2
	4		2		8			5
7					9	2		
5		1			6	7		9

PAINLESS

9		5	7		8	2		
	7		2		3	6	5	
			6		4			
1		6			5	4		
				2				
		8	1			5		3
			9		1			
	1	4	3		2		8	
		3	5		6	1		2

17

	1		8		6			5
5								
9	6	3			5	7	2	
		6	2		1	5	3	
				6				
	3	7	4		8	1		
	8	9	6			2	5	4
								3
3			7		9		1	

18

19

1		7		3	9	4	6	8
6		9			2			
						2		3
	5	6		2	7			
				5				
			6	1		3	5	
4		5						
			1			5		4
9	6	3	4	7		8		1

20

1	3	2				8		9
				2	5	3	6	
5			3					2
9		6	2	8				
				4				
				6	9	5		1
2					7			4
	8	1	6	3				
6		3				1	2	8

3		8	4	1		2		
	2				6	3		
1	9		3			8		
	4		9	3				5
				5				
6				2	1		7	
		9			5		8	3
		6	7				1	
		7		4	8	5		9

21

			4		6		1	
	6	4				5		7
2		8	7	9		4	6	
4				5	9	8		
5								4
		9	8	4				5
	7	5		1	4	3		9
8		3				2	5	
	9		5		3			

22

23

					8	7	2	
5				4			3	8
6	8		9	3				
	1		7		4			
4	7		3		5		8	1
			1		2		7	
				2	6		1	3
9	2			1				7
	3	1	5					

24

	2	5				4		
4	9		3	2			6	
	7	8			4		5	2
			8	9		1		
				6				
		9		7	2			
5	1		6			7	8	
	4			3	7		2	5
		7				6	4	

		5		3	9	4		2
8			5					
7		3	1		6	5	9	
2	1		4					
				1				
					5		1	9
	8	1	9		3	7		5
					1			3
4		9	7	5		1		

25

	6			4				1
9	2	4	1	3	5	6		8
				7	8		2	
5			8					
				2				
					6			9
	5		7	8				
6		7	2	9	4	1	3	5
1				6			4	

26

27

5		2			1	4	9	
			4				7	5
3		4				8	1	
					2	9	5	
		6		8		3		
	8	1	5					
	4	9				5		2
8	2				9			
	1	5	2			6		9

28

6	8	2		5				
	4	1	9	2			8	7
5	9	4			2	1		3
				1				
8		6	3			9	4	2
7	5			4	8	6	1	
				9		3	2	4

PAINLESS

	4							7
5			3				8	1
8	6	7			4			2
7	5		6		9			
	2			5			4	
			7		1		3	6
9			5			6	7	4
2	7				6			5
6							9	

29

	7	4	2	5				
2		6			8	1		
9		3			6	7		
7	1			9	3			
				7				
			6	1			7	2
		1	3			6		9
		9	4			2		7
				8	1	5	4	

30

PAINLESS

31

	5	3	9				1	
	7				2			4
			7			2	9	
4			1		3	5		
3		5		6		8		9
		6	5		9			1
	3	9			5			
5			6				3	
	2				4	1	7	

32

7		6		2				8
		3	1			2	6	
9							7	
	7	5	4	6		9	1	
		2				6		
	9	4		3	1	7	5	
	4							7
	1	8			9	3		
2				4		5		1

PAINLESS

							6	5
	9		6			8	1	
1	6	2	8	7	5	3	4	
3	7							
				5				
							9	4
	2	5	3	4	1	9	8	7
	1	4			2		3	
8	3							

33

	6					4		3
	3	8	9	7			2	
	1	9		5		6		
1						9	5	6
				9				
5	9	2						1
		7		3		5	4	
	5			8	2	3	6	
3		4					1	

34

PAINLESS

35

5		6	1		9	8	2	
	1			3		9		
		4		8	5			
			5	9	2	1		
				7				
		7	8	6	1			
			6	5		7		
		9		2			1	
	2	8	9		4	6		3

36

		2		4	3		9	6
	8			1		7	3	
4								8
	6	9	5			4		7
				9				
3		4			7	1	2	
9								5
	7	1		6			4	
2	3		4	7		9		

PAINLESS

6	5	9	4	8			1	
4	3	8		2	7			
						8	4	
					8	4	5	
				1				
	9	2	6					
	8	4						
			9	6		3	8	4
	1			3	4	7	2	5

37

6			9		8	2	4	
	1	7	5			8	6	
2		9			4			
					6			
	4		2	9	1		5	
			3					
			7			9		2
	9	5			2	4	1	
	2	4	6		9			3

38

PAINLESS

39

9		5	4				2	8
	8			1		6	9	
2	4	6					5	
6		9		2				
				7				
				3		2		9
	9					7	6	2
	7	2		4			8	
8	6				2	9		3

40

	6			3		2	4	
2			7		5			
			9					3
3	4	7	2	5	9	6		
				8				
		5	6	1	7	3	2	4
9					6			
			5		2			7
	7	2		4			8	

					1		4	6
3	8					2	1	
		7	9			8		3
		4	6		5			7
6				1				8
9			3		4	5		
4		3			6	9		
	6	1					2	5
8	2		1					

41

			8	7	3	5	9	
3				2		1		4
		2					7	3
		1	9	8	2			
				5				
			3	4	1	7		
1	4					9		
7		6		9				1
	9	8	6	1	5			

42

PAINLESS

43

6			7	9				1
			3	5	4		7	
2	3			6			4	
9					3	4	2	7
7								8
4	5	2	9					3
	8			4			9	2
	2		6	8	5			
1				3	9			5

44

	8		1	4				
7	4	2	9			1	5	3
		3			2	4	8	
1			8	3				
				6				
				7	4			5
	5	6	3			8		
8	3	4			5	9	7	2
				9	8		3	

45

	6						5	3
	4	8		7	3	2	1	9
						6		
6	1			8		9		
9		2				7		4
		7		2			3	6
		5						
3	8	6	1	4		5	7	
1	7						6	

46

	5	4	6	8				
3	6	8		7		9	5	
		2			5		6	
	9		7		1			5
		3				6		
7			4		6		3	
	3		2			5		
	2	5		9		7	1	8
				6	7	3	4	

PAINLESS

47

					5	6	2	
9		2	4	1	3			
			2	6			9	
		6	3		4			9
	5	8	7		9	3	1	
3			6		1	5		
	7			3	2			
			8	4	6	7		1
	3	1	5					

48

	6	8	1		3	2		7
			7			4	6	
								8
3	7	6			8	1		4
	1			5			3	
8		5	3			9	7	6
6								
	8	1			5			
7		4	8		9	5	2	

PAINLESS

	4	7			2		5	
	9			1	8	6		
				3	5		7	
			6	4	1	8	2	
			2		9			
	1	2	3	5	7			
	6		5	9				
		5	8	7			6	
	8		1			9	3	

49

3	7			4	9			5
4	8		5		3		6	
	9	5						
5	2	7	4					
	1						7	
					7	4	5	8
						7	4	
	6		1		4		8	9
7			8	5			3	2

50

PAINLESS

51

3				4	7	8	2	
5		8			6			
				1	8	5		
7		4	8	2	1	3		
8								9
		5	9	3	4	2		8
		1	7	8				
			1			9		3
	8	3	4	5				2

52

		7				6	8	
8					3	4	1	
		5			6			
3				6	5	9		8
	8	4	3		1	5	2	
5		9	4	7				6
			6			3		
	1	3	9					4
	6	8				7		

P A I N L E S S

	2		6					4
					1			7
6	5	7					8	3
4	8				5	7	3	9
			3	6	9			
9	1	3	7				2	5
5	4					3	7	8
7			2					
1					7		5	

53

		7		9	2		4	
		9		3				
5	6	2		1	7			
3		1		8				5
6	5		1		4		2	9
9				2		1		6
			8	6		9	1	2
				5		7		
	9		7	4		6		

54

55

7					5	2		1
	6	4			9		5	3
	5	8		7		6		
			7		3	8		
3			2		4			5
		2	5		1			
		3		2		4	1	
4	2		1			5	9	
9		1	4					2

56

8			6		7		9	
	1	5	2		4			
	7							3
	4	9	8			1		2
			3	5	2			
2		8			1	3	7	
6							3	
			9		5	4	2	
	2		7		3			8

PAINLESS

	5	8						
3			6	9	5		8	
		6			1			
8		2			9		3	6
1	9		3		7		2	4
6	3		8			5		1
			9			6		
	6		5	3	4			8
						3	1	

57

	1							
3		5			6	9	8	1
	4			5	9	3		
	3		8	7	1		6	9
				3				
1	8		5	6	2		7	
		1	2	9			5	
5	9	2	4			8		6
							9	

58

59

	3	2	4	7	1	5		
5		1			8			
6							3	8
				3			8	9
4			6		9			5
7	1			5				
9	6							4
			5			9		3
		7	9	8	2	6	5	

60

8								
5	2			4				7
7	6		2				9	5
9		7		6	5	3	2	
		2	8		7	6		
	4	1	9	3		5		8
4	7				6		5	2
2				7			8	6
								4

	8	3		5	1			4
9	5	1			4	8	3	
	7	4	2			9		
		8		3				
3								6
				9		4		
		9			7	3	6	
	3	6	1			5	4	8
4			3	6		2	9	

61

7					5			
			4				2	
4	1		2			9	7	
9	6	1				3		2
2	5		9	6	3		1	8
8		3				6	9	5
	3	8			2		6	4
	2				6			
			8					9

62

PAINLESS

63

9			3		4		5	
1	8		2					
7			8		5			
2	1			5	7		8	
		8	1		2	6		
	7		6	8			9	1
			5		1			8
					9		3	2
	2		7		8			4

64

1	7				6	5		
3	8		1	9	4	2		
				4	7	1	2	
	1	7	5		2	6	4	
	4	2	3	1				
		3	4	7	5		1	8
		4	2				5	7

	6				1	3		
5								8
8		7	9				1	4
	5		1		6		2	
6		8		9		5		3
	9		5		4		7	
1	7				8	4		5
3								6
		6	7				9	

65

					1			
8		7				5	3	
4		2				7		6
	2		7		4	9	5	3
3	7			1			4	8
9	6	4	5		3		2	
7		3				4		2
	9	6				3		1
			9					

66

67

8			9				6	4
6	4	3	5					
			2	6	4	1		
				2			9	8
3	7						4	6
4	2			7				
		1	3	8	2			
					5	6	3	1
7	3				6			9

68

6	3			8	7		5	1
							7	8
				5	2	9		
8			7	3	6		2	
		7	5		4	1		
	5		9	1	8			7
		3	8	4				
7	1							
5	8		1	7			4	3

PAINLESS

		6			8	5		7
				1				8
	5		4	7				
		7			1	8	3	9
	8	1	3		2	7	6	
4	9	3	8			1		
				3	6		2	
7				5				
1		9	2			6		

69

		5			4	9		3
	2						7	1
			3			6	4	
5		9	6		7	2		
8			5	1	3			6
		6	4		9	1		8
	9	3			6			
6	7						2	
4		1	8			3		

70

71

	9				7	6	8	5
			1	8		3	4	9
		8			5	1		
					3	4		
1	7		8		9		3	6
		3	4					
		9	6			2		
7	1	6		3	8			
3	2	5	7				6	

72

5		2		9			3	8
							6	9
9	3					2	4	
1		3	2		9	5		
				4				
		8	1		5	6		7
	6	7					5	1
4	9							
3	2			1		4		6

		8	7	1			4	
1			6	2	4			
	2					1		6
		5	4					3
3	6	7	5		9	2	1	4
2					3	5		
9		6					8	
			8	3	6			5
	8			4	7	6		

73

2	1		6	4				
	6	3			7		1	
		8				3		6
			1	5				9
	9	1	4		2	8	3	
8				7	9			
4		9				7		
	7		9			6	8	
				2	4		9	5

74

PAINLESS

75

4			2	5	7			
9		8		3	6			
	2	3	1					4
7	5	2		1				8
		1				2		
6				7		3	5	1
8					5	1	2	
			3	2		6		5
			9	4	1			7

76

	3	7		9	1			
	5	2		8		6	4	
1		6			5			
3	6			1		8	9	
	7						6	
	9	4		7			2	3
			9			5		4
	1	8		4		9	7	
			1	5		3	8	

		5	9				4	8
		8	1			6	2	
7	6	1				3		
				8	2		3	5
			3		1			
6	9		5	4				
		7				4	8	3
	8	6			4	2		
4	2				3	5		

77

8		2		1		5	7	6
3				2	7			
7			4	8			3	
	9		2		3			7
			1		8			
5			7		6		8	
	3			7	2			4
			9	6				3
9	7	5		3		6		2

78

PAINLESS

79

		7					1	
5						3	8	
		4	5		1		9	7
6	7	9	3	8				2
			6		4			
1				2	7	6	5	3
3	9		2		8	4		
	8	5						9
	6					8		

80

	4	6	7	3		8	2	
8	5		9		4		7	
	7							
7	9		2			4		
4	2						8	5
		5			9		1	7
							4	
	8		5		7		9	1
	1	3		9	2	7	6	

PAINLESS

1	3					6		
2	5			6	4		1	3
9				7				8
5						2	6	9
	2						3	
6	1	3						5
3				9				7
4	6		3	8			5	2
		5					8	6

81

	9							
3		2	9				1	8
					4		9	7
7	2	3		8		1	5	
	1	9	6		5	7	4	
	5	4		7		8	2	9
9	4		7					
5	7				8	3		4
							7	

82

PAINLESS

83

	3		6				9	
						5		7
	1	5	3				4	2
6		8	2	3	9		1	
5								8
	4		8	5	7	2		3
3	9				4	1	5	
8		1						
	5				6		8	

84

	3	1		2	9		5	
	7			3	4			
		2	7	8	5	4		3
7				5			2	
8								9
	6			9				5
1		5	2	6	3	9		
			9	4			6	
	4		5	7		3	8	

PAINLESS

3			6			2	4	5
	8						9	
			4			8		
6		7	2		5			
4	2	9		7		5	8	1
			1		9	7		6
		8			3			
	9						5	
7	3	2			1			9

85

4	8		1			6		7
1		2		6	5			
9	7		8	2				
8	5		4					
				9				
					3		7	5
				4	2		8	6
			6	5		7		3
5		3			7		1	2

86

PAINLESS

87

5	6	4		2	1	8		3
2	3						4	
8	1	7			3			
			1			5	2	
	5						1	
	9	1			2			
			8			6	5	9
	7						3	8
6		8	5	3		1	7	2

88

5					8	6		3
				5	3		1	
	1	3				5		8
1	6	5			2		8	9
	7						6	
9	3		8			4	5	1
6		1				2	3	
	5		3	4				
3		8	9					5

PAINLESS

		1	7	9		5	8	4
5	4	9	8			1	2	
				4				
	5							9
		3	9		1	4		
1							7	
				3				
	3	4			9	6	5	1
6	7	2		1	4	3		

89

8	3		9	6	5	7		
4	9		2		3		1	
2							6	
3				8	2		4	
5								2
	6		7	3				5
	1							9
	8		1		9		5	6
		5	8	4	6		3	7

90

PAINLESS

91

		5	3					
8	7							5
		9	6			4	7	
	8	1			7	5	2	
		6	9	8	1	7		
	4	3	2			9	1	
	2	7			4	8		
6							5	4
					6	3		

92

	8			2			6	
		3	6	9				
1	6	4	5			9	3	
		1	9	6		8		
5								6
		6		3	4	7		
	3	7			2	6	1	9
				7	9	5		
	1			4			8	

	5			4			6	
8					6		2	
6	2	7		1	9			
	3		6	2	4			9
4			9		5			6
2			3	8	1		7	
			5	6		8	1	2
	8		1					7
	7			9			5	

93

4	7							
		1	2		6	7		3
	3						1	4
1			8				5	2
3			4	2	7			1
6	9				3			8
7	6						4	
9		5	1		4	6		
							3	9

94

PAINLESS

95

			1		8	6		
5	2	1		6				9
8			2	3		4		
			8	4	7			2
			6		5			
4			3	9	1			
		8		7	3			5
2				8		3	9	4
		3	4		2			

96

		4						2
					1	3		9
	3	2	9	7	6	1		5
4					5		9	
2	8						3	6
	9		4					7
1		9	8	5	4	7	6	
5		8	7					
7						2		

PAINLESS

3		4	6			1		
					8	4		
		9		2			8	3
6	7			8	2			4
	3		4		1		6	
2			9	7			3	5
8	9			4		7		
		2	5					
		3			7	6		9

97

		9	2			7		4
		3	8					
5	4		6		9		3	8
		6	4				5	
	9			3			2	
	3				5	1		
2	5		7		4		6	3
					2	5		
3		8			1	9		

98

PAINLESS

99

9		6		8		3		5
	8	4					2	9
	3		9			6		
	5				3	4		
4			8		6			3
		2	5				7	
		3			8		5	
7	4					8	1	
1		8		6		9		4

100

2			7	9		5	1	
4		5	8	2				
			4		5		6	8
		6			1		8	9
1								5
3	5		2			7		
5	4		3		9			
				7	2	4		3
	7	3		5	4			2

	2			5	3	6		1
				8		4		7
5					1		3	
3	8	7			5	2		9
	1						8	
2		5	7			3	4	6
	5		8					3
8		3		9				
4		9	1	3			6	

TRICKY

TRICKY

9	6				2	3		
			5	3		1		4
	5			1	7	8		
2	7	8						
				8				
						6	5	8
		4	7	5			9	
3		5		2	6			
		7	4				1	6

102

	2	8		4	7			
1			9					
		5	2	3	1			
		2	8	5		1		
4								7
		9		6	4	8		
			5	7	6	9		
					3			1
			1	9		7	4	

103

TRICKY

108

		9						2
2	3	5	1			7		
8	4			9	7			
	1	7				5		
5								9
		2				1	3	
			4	8			6	5
		6			5	3	4	7
9						2		

109

				6	9	8		4
		5						2
1							9	7
		3	7		8		6	9
		2				1		
5	7		6		2	4		
7	4							6
3						9		
9		1	3	2				

		3			6	1	2	
6	9			2				
1	7	2	8					
	6					9	3	
	1		2		4		8	
	5	7					1	
					5	3	9	4
				1			7	5
	4	8	7			2		

110

						1		
	3	5			7		6	
8		7		6		9	2	5
					9	5		
5		9	1		2	7		8
		1	6					
1	5	6		4		2		9
	7		8			4	3	
		8						

111

TRICKY

112

3			2			1		
	2				8	7		
	4	5	9		7			
8	9		1		6			
6				5				9
			3		9		8	4
			4		5	2	3	
		2	6				5	
		9			3			8

113

	5	9			2			4
					5		8	6
	2		6	4			7	
		3	7					
8		7				6		9
					9	1		
	8			9	4		2	
2	3		1					
1			2			7	6	

TRICKY

5	3	1				9	7	
		9		7				
6			9	4	5			
4		7		9	2			
				6				
			5	3		2		8
			3	8	6			9
				1		5		
	9	8				3	2	6

114

	7	3	1		6			
2						1	5	
		1		4				9
6		5		3			4	8
9								1
4	8			6		9		7
1				7		8		
	9	4						3
			6		9	7	2	

115

TRICKY

116

				9		7		2
	9							
7	4		1	2		9		
9	3	8			5	2		1
	1						7	
2		7	8			3	4	9
		6		7	3		5	4
							9	
3		9		1				

117

7	4			8				
		1	7	5			8	
	6					4		7
6	9		1	4		2		
			5		7			
		5		6	8		7	3
8		3					6	
	2			7	5	3		
				3			1	5

2			8	3			4	
9		8			6	2		5
			1					7
	3		6	5			8	
	7						9	
	5			2	7		1	
5					3			
4		6	7			3		8
	9			4	8			6

118

7		4	1					
	6	2	3					8
9	3	8				1		5
		5		4				
	9						2	
				7		3		
5		3				8	1	2
8					7	9	4	
					2	6		7

119

TRICKY

	7	5					2	6
		6			7			
				2	3		5	
		4	5	9			6	
6			2		1			8
	8			7	6	5		
	6		8	1				
			4			6		
9	2					1	3	

120

	9							
3	6				5	1		
	2			9	8	7		
5			7	8		9		3
1	8						2	7
6		9		2	1			4
		7	5	4			8	
		4	1				7	9
							4	

121

TRICKY

						3		1
		4	1	2	8	6		9
5		9				7		
	3		8	6	5			
8								6
			3	9	7		8	
		3				4		5
1		8	6	4	2	9		
7		6						

122

		1	3			7	6	4
3		7	6		5		2	
1	8		7	2		3		
				3				
		9		5	6		4	8
	7		2		1	8		6
4	6	5			9	1		

123

TRICKY

124

2			4			8		7
	9		3	1		2		
				9			1	3
4	2	6	7					
				3				
					4	6	7	8
9	7			4				
		1		5	2		3	
8		2			1			6

125

7		6	2	8				
	9	4					3	
			1	4				2
	3	1						
	7	9	3		6	8	2	
						6	1	
8				9	1			
	6					4	9	
				5	7	2		1

TRICKY

			6			4		
	6		4		7		2	8
	1	5			3	7		
8		4		9	2			
9								4
			8	3		1		2
		8	3			9	4	
2	4		9		5		8	
		3			8			

126

		6					1	
					4	9		
2	8	5		7		3		
		1	2			7	6	9
7								8
6	9	2			7	4		
		8		1		2	5	3
		3	5					
	2					6		

127

TRICKY

128

		3		9	5		7	
	2			8	1	4		3
	9				7			
9				6		8		
		2				6		
		8		3				2
			4				6	
6		7	9	1			5	
	3		5	2		9		

129

6		1		7				
		8	3	6		1	4	
	5	7				2	9	
	1	4	9					
				2				
					7	5	3	
	2	3				7	8	
	7	6		1	8	9		
				3		6		5

TRICKY

2			1			8		
	4	9	2					
	6	7			8	5	4	
6					5			
		2	9	6	7	1		
			4					6
	7	1	6			4	2	
					1	9	7	
		5			3			8

130

4	3			6		1	5	
			4					8
		7		9	1			
9		8				4	7	
		6				8		
	4	1				3		5
			8	3		2		
1					5			
	2	3		7			9	6

131

TRICKY

	3	7			5	6	8	
		6						
	4	2		9	1			
	5		3		6	7		
2								3
		1	9		2		4	
			1	4		2	9	
						5		
	9	4	2			1	3	

132

	8	3	2	4		6		
4	9			7			2	
1	2		8					
				2		4		9
				5				
6		9		1				
					4		9	1
	1			3			6	8
		5		9	6	2	7	

133

TRICKY

9							4	3
			1		4	6		
5	6	4		9	3			7
3					6	4		
				7				
		1	8					5
7			5	2		9	8	4
		2	7		9			
4	9							2

134

			7	2	5		8	
		8			4			7
4	7		8	6		5	2	
		2					7	
				1				
	9					2		
	6	3		7	2		9	5
2			5			1		
	1		4	8	3			

135

TRICKY

136

		2		8			1	
				7				
6	1	9				3	7	8
		7	4			8		6
	9						3	
4		5			7	9		
5	3	4				7	9	2
				4				
	8			5		1		

137

3	8	5					9	
4			5		9		7	
								6
6					7	5		1
	5	9		4		7	6	
1		3	6					9
7								
	2		8		1			5
	1					8	4	7

TRICKY

		5				9	8	
		4	7	6	9			
	9		1		5			3
7	2			4	1			
				9				
			6	2			7	1
1			4		2		6	
			8	5	3	4		
	4	2				7		

138

				2		9	6	
	7		6		3		2	
			9		8	3		
1	9			7	6			2
5								9
3			8	4			7	5
		8	3		4			
	2		7		1		9	
	1	9		6				

139

140

	5	3	6	1	4			
		8		5	2			
6		4			9			
8				9		2		
	3		1		6		7	
		5		4				3
			4			1		2
			9	3		4		
			2	8	7	6	9	

141

3			9				4	6
	6	4			1	9		
9	2	1	7					3
7				1				
			5		3			
				9				8
8					7	3	5	1
		2	3			8	6	
4	5				6			7

TRICKY

9	2	1	6					
		5		9				
	6	3				5	8	
	9	4			5			
8			2		9			6
			7			9	1	
	4	8				7	5	
				2		6		
					7	2	9	3

142

3	2			9		1		5
		1						
			5				2	
6		8	2		7			4
5			8		3			9
1			4		9	7		8
	1				8			
						8		
9		7		3			5	6

143

TRICKY

144

	8	1			4	7		
	9			6				
6					5			4
	3	8	9		7			
2		7	6		8	5		9
			4		3	1	8	
5			8					6
				7			9	
		4	1			2	5	

145

9		3					1	
	6	1	5			8	3	
			1					
		8		1			5	4
1		4				2		9
2	7			4		1		
					8			
	1	5			9	3	6	
	3					7		2

TRICKY

2						6		
			6	9	7	3		
4	7		2	1				
	8		9		4	1	2	
				3				
	4	5	7		2		8	
				2	6		1	8
		3	4	8	5			
		8						4

146

					8			
	4	2	1	9		5	3	6
		9			5	2		
						7		1
9			5		6			4
4		5						
		4	6			9		
7	6	3		5	1	8	4	
			2					

147

TRICKY

148

	9					1	5	6
1	6					7		
3			6	2		9	4	
	1			4	6			
				7				
			5	9			3	
	4	7		3	5			2
		1					9	7
6	5	2					8	

149

					7			
8	2	7			1		4	
3		9			6			
	7				5		2	4
		6	1	9	2	5		
1	5		8				9	
			4			2		8
	6		5			3	1	9
			7					

TRICKY

3		1		2		7		9
		8						
	7	6	8			5	1	4
			7		1	8		
				3				
		5	4		9			
8	6	2			4	9	5	
						6		
9		4		1		3		7

150

5							4	
		6				2	7	
			3	4		8	9	
7	8		9			4		
	2	5				7	3	
		3			8		5	1
	5	4		1	6			
	3	2				6		
	7							4

151

TRICKY

	5		6				4	
	8	2		3		7		
		6			8			5
3					6			
6		7	8		9	3		2
			2					6
5			1			2		
		3		7		4	5	
	1				5		9	

152

3	8	6						
			8			4	3	6
1			5			8		
	3	4			6	9		8
				3				
8		9	1			3	6	
		3			2			4
5	1	2			4			
						6	9	2

153

TRICKY

3	6			5	2	8	7	
	9		1					
	7			4		9		
5				3			8	
8								7
	4			8				5
		7		9			2	
					8		6	
	8	2	6	7			3	1

154

	8		7		6	4		
	4			8		5		9
3		1						
	5		6				9	
		3	9		5	6		
	6				8		3	
						2		4
1		9		5			8	
		4	8		3		7	

155

TRICKY

156

	1			7		3		5
			2	6				
8	6							2
		8		2	3	1	9	6
1								4
9	3	6	1	5		7		
4							8	9
				1	8			
6		3		9			7	

157

				2	7		9	
	2			1		3		
9	8			5		6		
				7	1	9		
8	7		5		6		4	2
		5	4	3				
		9		4			3	7
		1		8			6	
	5		2	6				

TRICKY

9			1				3	
8			5	6				
6	2		7	3	8	9		
7	4	9						
				2				
						5	7	4
		7	9	1	5		4	8
				7	6			3
	6				4			2

158

	6		3	5		7		
	3		7		9	5	1	6
	2							
		3	9			8	5	
				6				
	9	7			4	3		
							8	
2	5	4	8		1		9	
		1		9	5		4	

159

TRICKY

160

			7	9	2			
	7		8					
	9	5	3					1
	8		5					4
	6	3	2		9	7	5	
9					7		2	
7					6	3	9	
					5		1	
			1	7	8			

161

		3	4		7	2		
1								6
			9				4	
5		2				8		4
	4	1	3	2	5	6	9	
6		7				5		3
	5				8			
4								5
		9	1		6	4		

TRICKY

7		2		4			6	
		1					5	8
5			7					4
4		7			6			
8	2						4	5
			4			3		9
6					2			7
2	7					5		
	3			5		8		1

162

	4		7		1			
	2	6			9		5	
1		9		2	5			
3		1				5	7	
				1				
	5	2				1		6
			4	9		7		8
	7		8			2	1	
			1		2		9	

163

TRICKY

	9			1	7	5	8	
		8		9				
7	2				4	1		
						8	5	
1		6				3		4
	3	7						
		9	3				6	8
				6		4		
	6	3	8	2			7	

164

7		6	8			4	9	
	1							
			4				7	
	2		6		4			7
6	8	7		5		3	4	9
3			7		9		6	
	5				8			
							8	
	7	8			2	1		5

165

TRICKY

1								8
	3		1	2				5
	4	5			6	2		
6			4			5		
5		1	7		8	4		3
		7			2			1
		6	8			9	7	
8				7	4		5	
3								6

166

1								3
8				3		4		
			1		7	6	2	
		6	9	8				5
4		9				2		7
2				7	6	3		
	1	5	7		9			
		7		6				2
3								6

167

TRICKY

168

					4		6	5
8		9			5			
4	6	5	2					
5			7	6		3	8	
				4				
	7	6		3	1			4
					8	4	3	9
			4			6		7
2	4		9					

169

		9	4			2		
		3			9	4		7
7					1	5		
	9			3		6	7	
1								8
	8	7		5			1	
		8	5					2
2		1	6			8		
		6			4	1		

TRICKY

5		1		4	3		2	9
6		8					5	1
9					6		7	
3			9					
		9				7		
					1			2
	3		7					8
2	5					4		7
8	9		4	1		5		6

170

3	8			9				6
1	5			8			4	
		4	2			5		
	9			1		2		
	7	5				9	8	
		8		6			5	
		9			2	8		
	2			4			7	5
5				3			9	2

171

TRICKY

			8		6			2
	5	2	1			6		
		9			2			7
8	6		2				5	
			9	3	7			
	7				5		2	3
1			4			9		
		6			3	1	7	
5			7		1			

172

	7			4	2			
	6		9		3	2		
1		2				3	8	
		6	4					
	4	3	6		5	9	1	
					9	4		
	5	7				1		6
		9	2		4		3	
			5	1			2	

173

				6			8	
		4			9		5	
5	7	1				2	9	
			3	8	7	6		
7								8
		2	9	5	6			
	6	3				8	1	4
	5		1			3		
	1			2				

174

		3			2	4		
	2	7	4				6	
	8						7	
	7			3			4	9
8			2		1			5
3	6			9			1	
	1						8	
	4				6	7	2	
		2	1			9		

175

TRICKY

176

1				6				
	4			2	5			9
5	9	7			3			4
6		2		4				8
	7						1	
9				3		4		7
4			1			5	7	3
7			3	8			4	
				7				6

177

	1	7	2			4	6	
	4			6			1	
		2		3		7		9
	6		3	9				
		4				8		
				8	7		3	
4		5		7		3		
	7			1			8	
	2	1			3	9	7	

TRICKY

6				9		2	8	
	5		4	1	6			
7				3	8			5
	8					1		
2	1						3	8
		3					4	
3			9	6				1
			8	2	1		6	
	2	6		4				7

178

4	2						7	5
				5				8
6		7				2		1
1				8	5	7		
	7		9		6		8	
		3	4	7				2
8		2				4		3
5				6				
7	9						1	6

179

TRICKY

180

	8			7				
	6		9	8	4	1	2	
	2		5		3			
	1					3		
		6	7		9	2		
		3					5	
			6		5		7	
	9	5	3	4	2		8	
				1			9	

181

3					7		5	
7		9	5					1
	3		7	9	8			4
5	8		4		2		9	6
1			6	5	3		8	
9					4	6		2
	6		2					8

TRICKY

			7				4	
		1	6			8	2	
7	6			2				
1			4		6	9	7	
4	3						1	8
	7	8	3		2			5
				4			8	9
	2	9			5	6		
	4				9			

182

		4	9		3			2
	6				1	8		7
		3			2			
	7			9	4			
2	8	9				1	5	4
			5	2			6	
			2			4		
3		8	6				9	
1			3		9	2		

183

184

					4			8
				6		2	1	
8	5				2	7		4
1	3	8					2	
	9	7				5	3	
	4					1	8	7
7		4	8				9	5
	1	6		3				
5			2					

185

5		3			4	1		
1					7	3		4
	2				9			7
	9			2	8	5		
8								3
		2	1	3			8	
2			6				7	
7		4	8					2
		1	7			4		8

TRICKY

	5	2		7				
						4		
8	1		5	9				7
			7		9		5	1
	6	5	2		4	3	7	
7	3		8		6			
5				8	2		4	9
		3						
				6		5	3	

186

					5	7		
	6			9			1	8
	7		8	6	2		3	4
			6		1		8	
		8				6		
	2		5		7			
5	1		4	7	8		2	
4	3			2			7	
		7	9					

187

TRICKY

188

1	9		6		5		4	
7	5	3		8				
			1	2		5		
				4		3		2
		6				1		
3		5		9				
		8		1	2			
				7		2	6	3
	4		9		3		1	5

189

	9				1	2		
		4	3					5
2						9	4	3
	8		7	5	3			4
				8				
9			6	2	4		8	
6	1	5						7
4					5	1		
		7	4				5	

TRICKY

8		4			7		2	
3	2	7		6	4	5		8
2				7				
	9	1	2		5	3	6	
				1				4
1		6	5	3		9	4	2
	3		9			7		1

190

9					1		8	4
2	8	4			5	7		
		7					6	
	2			8		9		3
7								5
1		6		3			2	
	5					1		
		9	1			4	5	8
3	4		8					9

191

TRICKY

192

		4				6		8
6	5	7		4	8	2		
		9		1				
			9	3		8	1	
			4		2			
	3	5		6	7			
				7		1		
		3	8	5		4	7	2
1		2				3		

193

	7		2	4			3	8
			3				4	
	1						5	9
	2			7		5	9	
	9	7				1	2	
	4	3		5			7	
2	8						1	
	3				9			
4	5			2	3		6	

TRICKY

	5	7					6	
	8		7					5
9	4			8				
				4			2	1
3	1	6				9	8	4
4	9			3				
				5			4	9
7					4		3	
	2					1	7	

194

	2	8				5		
9		3		6				
7	4				8	3	2	
6				2			5	
			1		6			
	8			3				6
	1	9	3				8	4
				5		7		2
		7				9	1	

195

196

					1			8
2	7			4	5			6
6	4	1				9		
		6					2	5
		3				7		
9	5					4		
		9				1	3	2
5			3	1			8	4
1			2					

197

3	5			8				
8		4	1			6		2
1	2						7	
6	3					4		7
				4				
9		5					8	1
	7						5	9
2		1			7	8		3
				3			1	6

TRICKY

7	3	4			1	9		8
		8		4	3			2
1	2		4		8		9	
				3				
	9		1		2		5	6
3			7	8		4		
8		6	5			3	1	9

198

		3	8			5	6	
	4			7		1	2	
6	5			4	3			8
5		8						
				1				
						4		6
9			1	3			7	5
	7	5		2			4	
	1	6			9	8		

199

TRICKY

200

9						1		
6			7		9	8	4	
3								5
8	7	9		6	3			1
				1				
1			2	5		3	7	9
4								8
	1	5	6		4			2
		3						7

201

		6	3	5		9	7	4
	1				9			
		4					8	
3		7	4	9	5			
				3				
			6	2	7	8		5
	6					1		
			9				5	
9	7	8		1	2	6		

NASTY

NASTY

		4			7		6	
		7	2		5		4	
				8			1	3
1					2		3	
				4				
	6		9					2
7	8			5				
	9		7		8	6		
	2		6			9		

202

3					8			
4		1			3	8	6	
	8				7		4	
6	3			4				
				3				
				7			1	9
	6		7				9	
	5	4	3			1		7
			1					2

203

204

	5					8		
	2		8	9			4	
4			7	6				3
	9	7	5					
				1				
					7	4	8	
1				4	3			5
	7			5	9		2	
		5					9	

205

2	4							
	6	1					4	
		7		5		6		
	2	8			9		3	4
1	3		4			2	9	
		5		8		9		
	9					4	2	
							6	1

		7		8	9		1	
	6							8
					2	7		
5	9				1			
	4	2				3	9	
			6				5	4
		6	3					
8							7	
	3		9	4		8		

206

		2	3					
	3	6	5			9		1
		5			1	6		
			7	3			5	
				2				
	7			4	5			
		9	6			1		
2		1			9	8	7	
					3	5		

207

208

	1	3			2	6		
					4		7	
7		6		9			1	
8		2	4					
				7				
					8	2		7
	2			1		3		4
	9		8					
		1	3			7	6	

209

			4					
		6					1	
		7	1		6	4		2
8	5	1		2			6	
	9			4		2	5	8
4		2	6		7	1		
	1					5		
					2			

NASTY

	2				8	7		
		6		5				9
		4			1			5
		3			7		9	6
			8		4			
2	1		3			4		
7			2			8		
3				6		2		
		2	7				4	

210

3				8				1
	1			6	9	7		
		6						
		9	8		1			
1		7	3		2	5		9
			5		6	1		
						2		
		1	9	3			8	
7				1				5

211

212

3					9		4	
			4					
		2	5				1	6
			7	1	4		9	2
9	8		2	5	6			
4	1				2	7		
					3			
	7		8					3

213

	8	7			9			
				2			5	
			5	6				1
2	7		3			1		6
				4				
3		1			6		2	5
6				8	5			
	3			7				
			1			9	6	

	7	1			5		2	
	9			3				
	5	3			2	7		9
5								
9		2				1		7
								3
4		9	3			2	6	
				8			3	
	8		1			5	7	

214

	1	5		7	9			
				3			7	8
						3	1	
6		1			8			9
8								2
9			6			8		1
	7	3						
1	9			4				
			3	9		6	5	

215

NASTY

216

				5			3	4
8			2	4				
			1	3	7			9
				8			2	3
	8						5	
4	7			9				
5			4	1	9			
				7	5			8
3	9			6				

217

	6			8	1			
7	1	4			6			2
			9					
6	8		7		9			
	7						6	
			4		8		5	1
					5			
9			6			4	7	5
			8	4			3	

NASTY

	9	4	3			7		
		6		9	7	5		1
	1							
6		7						
	3						6	
						4		8
							9	
4		2	9	5		1		
		5			1	6	7	

218

	2	9	4		7			
			8				6	
	3		2					7
		1	3			4	5	
				2				
	7	5			6	1		
1					4		8	
	6				3			
			5		2	9	4	

219

220

	2						3	
			7	6		9		
1				8			4	7
9	5				2	6		
				7				
		7	1				8	4
8	4			3				5
		3		1	9			
	6						9	

221

		6						
	5				4		3	6
				8		5		2
	2	1			3	4		5
	4						2	
5		8	9			7	1	
2		7		5				
9	3		1				7	
						2		

				9				2
4				2		5	6	
6							8	3
		7	9	3				6
5								8
9				4	8	2		
2	1							5
	4	5		7				1
3				6				

222

			2			5		3
			7		9	2		
		2				1		6
				8	3	9	4	
				7				
	5	3	6	4				
2		1				6		
		5	4		8			
3		8			5			

223

224

			7	4				1
	5	1	2			8		7
							5	
				7	6		9	
	2						4	
	8		4	3				
	4							
6		9			4	2	3	
3				6	9			

225

	1	8	4			6	3	
			3		9	2		7
			2					4
	5							
1				3				2
							9	
7					3			
3		5	9		4			
	6	9			1	5	8	

4	9		1		3	6	2	
2						4	9	
	1						7	4
		8	3	1	2	9		
5	3						1	
	7	5						8
	6	1	9		5		3	7

226

				5				
						8	9	7
	8				7	4	2	
	5	2		9			4	8
		3				2		
8	4			6		3	5	
	9	7	8				1	
6	2	1						
				4				

227

NASTY

228

			8					
						6	1	8
		7		9				2
8				1	9		4	6
	6	9				7	8	
4	7		6	2				3
1				6		9		
6	4	3						
					4			

229

				8	5		2	4
								6
9		6	3	2				
3	2		9				6	
	9						1	
	6				3		9	8
				4	7	8		5
2								
7	3		1	9				

NASTY

		1			6	4		
	5				9	2	8	6
	6			4				
				6		9		
9	1						6	7
		4		3				
				5			7	
2	7	3	8				5	
		9	6			1		

230

7							3	
		9			5	8		
1				6			9	
6			1	2	8			
3	1						8	2
			5	3	7			4
	8			9				3
		6	2			1		
	4							5

231

232

	2			8				9
1		8		9				
						8	7	2
			6				4	8
3								6
7	9				3			
6	7	1						
				2		1		4
5				6			3	

233

6		4		9			3	
	1		2	6	5			8
					3			
2						3	9	
	6	8						1
			8					
3			1	2	6		4	
	8			4		6		5

	5		8		1			
	4					8		
					2	1	4	6
7			9				2	
2								7
	6				8			4
9	1	3	5					
		6					9	
			3		6		7	

234

9			8		3	5	2	
							1	
					6		4	
7		5		9		4		1
3								5
4		6		1		3		7
	4		9					
	6							
	8	7	5		2			4

235

	1				6			
4							3	
		5	8	9				2
	4			2				6
	6	2	3		5	8	9	
7				6			5	
9				5	1	6		
	3							1
			6				8	

236

1			6	7				
		6	9			2		
7			3				5	9
					4		3	
	5	4				8	2	
	6		5					
9	4				8			3
		8			7	5		
				9	6			7

237

NASTY

	2		7					9
5		8						6
						3	4	
	8	9		6			3	1
4	3			5		8	2	
	1	7						
9						7		8
3					1		5	

238

		7						
1			4					6
	9		2	3				
6		4	1	7		2	3	
	3	8		9	5	7		4
				5	3		7	
4					6			1
						8		

239

NASTY

240

1					4	9	3	
						7		
		3		2			6	
7	2			9	6		1	
			5		2			
	4		7	3			8	5
	3			6		1		
		4						
	5	7	3					4

241

		5						8
	2	6	3		5		1	
			8	9				
		7	4					5
	9						3	
5					2	1		
				2	3			
	3		5		1	6	2	
4						5		

		4			3			2
	9							7
			6	5		4		
4		6					8	3
3								1
5	2					7		9
		3		4	2			
6							9	
2			5			1		

242

3		5		8		6		
					2		9	
				7		4		
6		1						
	7	4	5		6	1	2	
						7		9
		8		2				
	5		1					
		6		4		5		8

243

244

				6		3		8
8	5				2	6		
3	6					7		
		6			9			2
				1				
2			7			8		
		9					1	4
		2	8				7	6
6		5		2				

245

								6
	4				3	8	2	9
	7		6					1
	8					9		3
6				1				7
5		7					6	
2					4		3	
7	6	5	2				1	
3								

			6					8
1		5	3					2
	9					1		
	6		8					3
2	8						5	1
4					1		2	
		4					1	
9					7	4		6
3					9			

246

1				3				
8					7	6		
4			9	1				7
	2							9
		7	6		3	8		
3							7	
7				4	9			1
		9	8					4
				7				3

247

248

		6						8
						3		2
2		7	5	3		9	6	
4	1		7					
		8				5		
					9		8	1
	9	5		1	4	2		7
6		3						
7						4		

249

1	9		8					7
			3					2
4			1			5		
7				1		9		
	4						7	
		5		9				4
		7			1			5
9					6			
5					8		2	1

	9			6	4			3
						7		5
		7				9		
		8	6	3				2
	4						5	
5				4	9	3		
		1				5		
9		2						
6			3	2			8	

250

								8
				4	3	7		
7			6		1			
3	8			2	6	5		
5								6
		1	9	8			2	4
			1		7			3
		9	2	5				
2								

251

252

6	5		3		1			2
			2					7
					8	9		
	8				9			
	2		6	5	4		3	
			7				5	
		4	8					
1					7			
3			5		2		7	1

253

7					4	5		
9							1	
		3		9	1		8	
2			1		7	3		
				8				
		5	2		3			4
	5		6	7		9		
	2							3
		4	3					2

4			1		6		3	
			3				7	
5				7	9	2		
	3	5						8
2								1
7						9	4	
		1	8	9				2
	5				3			
	8		6		7			5

254

9				6				
6	8	2			9		5	7
			8					
			2		7		4	
2	3						9	1
	1		3		8			
					5			
7	9		1			8	6	3
				7				2

255

NASTY

3			6				8	1
	9	8	2					
7	5					4		
				8	6	5		
				1				
		4	7	3				
		5					7	4
					5	6	1	
6	8				9			2

256

			7	5		9		6
	4		8				7	
					9	2		
3		2						7
	1						5	
6						8		1
		6	3					
	8				5		1	
5		9		6	2			

257

NASTY

	1		2	7		9	5	
5								
		9	5					
		2	7		8			4
9								3
6			1		5	7		
					9	1		
								6
	3	8		5	4		9	

258

9			8		7		4	3
		4				9		
3				5				7
					1	2	3	
			5		2			
	1	7	6					
7				4				9
		9				5		
4	5		7		3			8

259

260

	1	7			4		9	
				8			3	5
		9	1	6			4	
6					3			
				7				
			5					8
	6			4	1	9		
3	9			2				
	7		8			2	5	

261

	5					6	2	
								4
4	9	8		5				
		9	4		7		8	
			5		9			
	6		2		8	5		
				7		2	3	1
6								
	2	7					4	

8	1				6	4		
					1		2	
6	5	3						
	7		1	8		5		
2	6						4	7
		1		6	7		9	
						8	7	4
	8		5					
		9	2				3	5

262

			9	6				
		2			1	6		3
8		4	2	7				
	8	1				9		
9								4
		3				1	8	
				2	5	3		1
3		6	1			8		
				9	6			

263

NASTY

264

			2				8	
2	9							
7		4			1	6	5	
			7			2		3
			3	8	6			
4		6			5			
	5	2	8			7		9
							3	8
	7				4			

265

				3	2			
		8		5				
	7	3				9	1	
5			7	1		6	8	
				2				
	4	9		8	3			2
	1	4				3	5	
				9		7		
			6	4				

NASTY

			7	3				
	2				6		9	
	6	1	9		2		8	4
				6				2
5								9
7				4				
4	9		2		1	8	6	
	1		5				2	
				8	3			

266

			6					
					9	3	5	
2	1		8		7	4	6	
1				4	5	9		
				6				
		3	1	7				6
	9	6	7		3		8	2
	3	8	2					
					4			

267

NASTY

268

5			2	8				
	1	2				8		
9			3		6		2	
		7			2		6	
				5				
	3		9			1		
	9		1		4			3
		4				5	7	
				2	5			6

269

	9		1	2				
7			5					8
				7			6	
5		4			9	8	7	
				8				
	7	3	6			1		2
	6			3				
9					7			3
				5	8		4	

NASTY

6	2	3						
7	9		8		4			
			6					
	8			5	9	2		
		6				3		
		4	1	8			7	
					2			
			7		5		1	3
						6	2	5

270

					3	8		9
			7			6		4
				6	1		2	
4	6		9	5				
				3				
				2	8		3	5
	3		5	1				
6		4			2			
9		5	4					

271

NASTY

272

		7			4	3	5	
		8		2				
	9			5		1		
			6	1		4		2
				4				
8		3		9	7			
		1		3			7	
				6		9		
	8	5	9			6		

273

3		1					4	
								2
4	7	8	6		1	9		
				3	9			8
				1				
6			4	7				
		9	8		4	1	6	7
5								
	4					2		3

					8			
7				9		8		
		2	1			5	9	
9	2		5					1
4			2		1			5
3					9		4	6
	5	3			2	1		
		6		5				4
			9					

274

4						9		
1	7				4			
9			6		8			
8		6				7		
7	4			2			8	5
		9				4		1
			5		1			7
			9				1	4
		2						8

275

276

		6		7			1	9
			5		1			
2		8		4			5	
		5			7			1
1								2
6			9			4		
	5			9		1		7
			7		8			
4	2			6		3		

277

		4			8	3		
	3		5		4		9	8
7				2				
					5		8	9
				3				
4	2		1					
				6				3
1	7		3		9		5	
		3	2			4		

NASTY

3		4	1					
	5				6		8	7
	2							
			3		7	8	5	
	9			8			2	
	3	6	4		5			
							9	
1	8		7				3	
					4	7		5

278

					7	8		
1	3		2					
		6				2	4	
					8	5	7	6
	7			6			9	
4	6	5	1					
	5	7				1		
					4		8	9
		9	3					

279

280

	3	5	1					
	4				2	8		1
	8		6	7				9
2					3			
				5				
			8					6
5				4	1		3	
3		7	9				4	
					8	1	7	

281

				4		9	7	
		8					6	
3		2			7	1		5
5					9			8
		4				6		
7			2					3
1		5	8			2		7
	8					4		
	9	7		6				

NASTY

		7		3		8		5
1					5			
	6			9		7	4	
					4		8	3
	7						5	
5	4		3					
	9	4		6			7	
			5					8
2		1		4		3		

282

5				7	3	4		
	7	2			5	3		
					8			
						5	4	
6	8						2	1
	3	1						
			7					
		9	8			7	5	
		4	2	1				6

283

284

	7		4					
9				7		6	8	
		2						1
		1			2	3		7
		8				5		
3		6	9			8		
6						7		
	1	5		6				2
					4		5	

285

2		8	3		7			6
4							1	
5			9					
		7			6	2		3
				8				
6		1	5			4		
					3			8
	6							5
1			6		8	9		7

6					9	8		
	2			7	1		6	
9		8					7	
			2	5				
1								2
				6	4			
	7					3		1
	5		7	9			2	
		3	5					4

286

			5		2			
	4			3	7	8		6
			9		8		5	
6					1	3		
2								4
		9	4					1
	1		7		5			
8		3	2	1			9	
			3		6			

287

288

6					2	3		4
				4				
5					3			7
	9					5		3
4		3	5		8	7		2
7		1					9	
3			4					5
				7				
2		7	3					8

289

	5		9			3	2	
		6		3				
					8		9	
3		2	4		6		1	
				1				
	9		8		3	7		5
	8		5					
				4		2		
	1	3			2		7	

	8				5	2	3	
	4			8				
	3	2					1	
						7	5	1
9								3
7	6	3						
	5					4	6	
				3			8	
	9	1	7				2	

290

		9		1		4		6
8					2			
				3				5
	1	7		6	8			
2			5		3			1
			4	9		5	2	
4				2				
			1					3
9		8		5		6		

291

NASTY

292

		2			3	6	5	
	1							2
	9	7	5					
			2		6	4		
			7	9	1			
		9	8		4			
					8	3	1	
1							4	
	4	5	9			8		

293

3			4					
	9		3	2	7			6
							3	8
5			7	6				
	1	7				2	6	
				4	9			3
8	2							
1			5	7	3		8	
					6			9

7	5		1	8		2	3	
		9	3					
			4		5	8		
6		4				7		9
		2	7		1			
					4	6		
	3	7		2	8		1	5

294

		1			5			2
					2			6
5								3
			2		4		3	5
		9	6	1	3	8		
4	3		7		9			
6								7
7			3					
3			8			5		

295

296

				1		3	8	7
				9	5		2	
7		1	6					5
	8	6						
				4				
						2	9	
9					8	4		6
	4		9	5				
3	7	5		2				

297

						9		
	5			2				1
		8			6	5		
8	7				5		6	
9	3						8	5
	2		1				7	9
		7	9			2		
6				8			5	
		3						

				1		5		2
	1		6	2			8	
						4		3
		4	3				7	8
		2				9		
6	9				2	1		
7		1						
	8			6	1		2	
3		5		8				

298

4				2	6			7
		1	3				8	
	3	7						6
5	6		7		8		1	4
2						8	7	
	5				3	9		
7			6	4				2

299

		9						
	2			6				
		4		5	7		8	9
5			3	2		4		
	9	8				6	3	
		2		1	6			7
6	1		2	4		9		
				9			5	
						1		

300

	4		5	2			8	
9					7			
				8				5
	3						4	
2	9	6				7	3	8
	7						1	
3				5				
			6					4
	5			4	8		2	

301

MIGRAINE

MIGRAINE

3	1					7	5	6
		9	5					2
					1			
1	8				4		3	
	5		2				4	8
			6					
6					7	3		
7	3	2					9	1

302

		2	9			3		1
7	5		2					4
						9		
			3				7	2
				6				
8	6				5			
		8						
6					8		3	9
1		5			3	4		

303

3	5			4			8	
		9						
		7			9		4	
4					6	2	5	
				8				
	7	1	5					9
	1		9			7		
						5		
	8			5			3	4

304

5					2	8		
7	8			6				
			7				9	
	4	9				3		1
	6						8	
2		3				9	4	
	3				6			
				4			6	8
		1	9					4

305

		8	1			6		
	4		5	7				
2	5				3	9		4
	9						5	
4		6	8				2	7
				5	9		4	
		1			2	8		

306

4		2	3			8		
					6			7
5	7			4				
3	1							
			8		5			
							6	3
				6			3	1
8			2					
		7			3	9		5

307

308

		8	3				5	
4								9
			8				1	6
		6			4			
1		9		8		6		7
			5			2		
7	9				1			
6								1
	2				7	4		

309

		8		5	3		7	4
				2			6	3
		5	7					
						7	5	
8								2
	6	1						
					7	6		
2	4			8				
3	5		9	4		1		

MIGRAINE

	9			4	8	6		
3		7	2			5		
	4	6		9			8	
				6				
	5			7		9	4	
		1			4	8		3
		9	1	5			7	

310

				2		5		3
8		7				6	2	
			1					
			7	9			1	
	2						8	
	5			6	4			
					9			
	6	1				3		4
2		8		5				

311

312

7								
	3		6			7	2	
					1	8		
1	7				4			5
				6				
6			7				4	1
		9	4					
	1	3			5		9	
								4

313

				4				2
	5			8				6
		2			1		9	
5	7		3			8		
				1				
		1			6		2	9
	3		5			7		
6				9			4	
8				7				

8	7		2		6			
5		9			1			
						8		7
	3		7					4
				5				
2					8		5	
3		6						
			4			7		3
			3		9		4	2

314

			5		4			3
	9					8		
		7		1		9		
	2	9	7			3		
				6				
		8			3	2	9	
		2		3		7		
		3					5	
7			8		6			

315

MIGRAINE

316

9			2			7		3
		2	1					
							5	6
		9		5			2	
	6						9	
	3			4		5		
6	7							
					1	9		
3		5			6			7

317

4		9		7		6		
								1
		7			2			
	8					1	6	
7			1		5			2
	4	3					8	
			4			3		
2								
		4		3		9		7

3		5					1	
					4		7	8
				3				4
6	1						8	2
				9				
8	2						4	7
5				4				
9	7		6					
	8					4		1

318

		6		7		2		
3	8		9					
		1						5
1		4			5			6
				3				
7			6			8		2
8						7		
					1		5	4
		9		2		3		

319

MIGRAINE

320

	4			5				
		9			6		7	
	8		2					
					7	8	6	9
	9		6		1		2	
6	3	5	9					
					9		1	
	6		8			2		
				7			5	

321

	9							6
	2		3		7	9		
				6		8		1
		7		8				
1								5
				4		1		
9		4		3				
		3	9		2		7	
5							6	

			4	8			9	2
				5	6	8		4
								7
	3							
8		7	6		1	4		5
							6	
9								
2		4	8	7				
6	1			4	5			

322

		6		4	8	1	2	
					1			
	4				3	7		
					9	5	8	
				6				
	3	9	1					
		1	2				6	
			3					
	7	4	5	1		9		

323

324

		2	5				8	9
					1		7	
3								2
	4		8					
		7		3		1		
					6		9	
6								5
	8		4					
9	1				5	6		

325

		6	5	7				
						8		7
3			4		2	9		
			3	2			9	
				4				
	8			6	1			
		7	6		8			1
6		3						
				9	7	2		

					2	1		
	4			5				
8	9	2	4				6	
3		5						
			8		6			
						2		1
	7				9	5	8	4
				2			3	
		3	6					

326

					8	1		
	6	1				4	9	5
		2						
		5	6	1				2
			8		3			
1				9	4	7		
						8		
4	7	9				3	6	
		6	1					

327

328

	3			1				
5					4			9
		6	2		5		4	
	9					8		5
				3				
1		7					9	
	4		8		9	2		
9			5					4
				2			8	

329

		6		8			9	
			2				6	
	5			7		1		
		7	1			9		2
				6				
9		4			8	5		
		8		4			2	
	9				2			
	1			5		7		

MIGRAINE

5	6		1	7			4	
					5			
1					3	2		
	5			8				4
				4				
9				6			7	
		4	9					7
			2					
	7			3	4		5	6

330

					4		3	1
4	6				1		9	
2							6	
	8		7					
		7		2		5		
					6		1	
	4							3
	1		5				4	6
9	5		8					

331

332

					2		1	9
5	3		4					7
								3
	1		7					
			3	8	6			
					1		9	
8								
6					9		2	1
4	5		8					

333

4				1	8			6
	3							
	9				5		7	
		2		9			6	
				5				
	7			2		3		
	5		7				3	
							1	
6			2	4				9

8			5					4
	1							9
				1	3			5
	5	8	4		1			
				3				
			9		2	3	4	
2			8	7				
7							9	
4					5			1

334

6	3						7	
			1				2	8
7		8	5		3			
						4		
8				6				3
		5						
			2		1	5		6
3	5				9			
	2						8	7

335

336

		9			4	2		3
	4		6		5		8	
							6	
				2	3			
		6				1		
			9	6				
	5							
	3		4		8		5	
7		2	1			6		

337

		7						
	1					6	9	5
		5	8		3			
	5		7			2		
		8	6		2	9		
		2			1		7	
			9		7	8		
3	6	4					2	
						4		

2	9							
			7		6	8		
			1			3		
7			6	2				
		6				1		
				4	8			3
		2			7			
		7	5		3			
							1	4

338

	3	5						4
6				7	5		8	3
7		8		9		6		
			5		2			
		4		8		2		1
3	1		4	5				2
8						5	4	

339

340

		1					3	4
4						1		2
	3		8				9	
6			3					
2				4				1
					1			3
	9				2		8	
1		4						9
3	5					2		

341

	2	4					5	
			3				9	6
	6			2	7			1
	8				2			
				1				
			9				4	
3			4	7			6	
2	1				8			
	7					5	3	

342

			5		3	4	6	
3				8	2		7	
					9		1	
	6						2	
			4		1			
	9						4	
	7		3					
	4		1	6				5
	8	6	2		5			

343

2	1	5				4		
				4			1	
9			8		1			
				5		2		
8								9
		6		3				
			1		9			6
	2			6				
		8				1	5	3

344

		8	2				4	
	2		1	9	6		3	
		1					2	8
4								6
5	3					1		
	1		5	7	3		8	
	6				8	2		

345

			6					
	9	2					5	
6				7	2		8	9
	5		2					7
				8				
4					3		9	
8	7		9	6				2
	2					5	4	
					8			

3		8		9				
1	7							6
	6			5			9	
			6		9		8	
				2				
	1		3		7			
	3			6			5	
6							1	3
				8		7		9

346

				4				
		6			8		9	
		7	2			3		1
7				1	3		6	
				8				
	1		4	9				2
3		9			4	8		
	5		1			4		
				2				

347

348

1				3				7
	6				7			
		2		6	8		5	
							6	3
	5						8	
4	1							
	3		6	5		8		
			4				2	
9				2				4

349

				6		4	2	
8			9					6
		4	5		7			
9		1						
6	2						8	9
						5		4
			4		5	7		
2					6			8
	9	3		8				

MIGRAINE

8			5					
		4			9			
	2	3			8	1		
		7						4
3	4			7			9	6
5						3		
		9	3			7	8	
			8			2		
					5			9

350

4								7
				8	4			6
		2				5		
		5	1		6		9	
		3				2		
	1		4		7	8		
		8				9		
3			2	6				
7								4

351

MIGRAINE

352

	7	5	9		3			
9							8	
				7				2
1					9	2		
				5				
		9	1					3
8				3				
	6							4
			2		8	1	9	

353

			4	7				1
	4					3	9	
7		6						
4	9			3		7		
				9				
		7		1			4	6
						6		3
	5	9					1	
3				4	8			

		5	8			7		
	8	7				6	3	
			9			2		4
3			2					
				9				
					4			2
1		4			6			
	3	6				8	7	
		8			7	5		

354

			4			9		
2				1		8		4
					5	6	7	
	7	9					5	
				3				
	8					4	9	
	5	1	7					
4		6		5				9
		2			8			

355

356

		5					6	
				4				2
	8				1			4
7		4		1		9		
2								5
		9		8		7		1
6			7				3	
5				2				
	3					6		

357

		9						
			7		1	6		
	3		4			2	5	
9	4	8				5		
				6				
		7				1	2	9
	2	4			5		3	
		5	8		7			
						4		

	8				5			6
1		9		2	8			
		3					7	
7						5	4	
				1				
	5	2						9
	4					7		
			9	8		1		2
6			2				5	

358

3		8	1					5
	1			3		7		2
					4			
	6				8	1		
				2				
		4	3				5	
			4					
1		3		8			2	
7					5	4		8

359

MIGRAINE

360

		9	8				2	3
			3			5		
	5	2	1			8		
					4			
8				3				9
			2					
		4			7	1	6	
		6			3			
5	8				9	2		

361

		3						2
			5		1			
4		5	7		8		6	
						4		
8	1			7			9	3
		9						
	2		1		3	7		5
			4		5			
6						1		

9		5						
	4	1	3		7			
			4				7	
7					6		2	5
				4				
4	8		5					9
	5				3			
			6		2	7	3	
						6		2

362

4			9	6				
7	5	1		2		3		
2						8		
								6
	2	3				1	5	
9								
		2						4
		6		1		2	9	7
				7	3			1

363

364

9					5	2		
	3	1			9			
		6		2				
					8		1	7
5	4						3	8
3	1		7					
				9		5		
			8			1	7	
		9	1					4

365

	8	3					6	
	2		3					5
						9	7	
1			4		3			
	9			7			8	
			8		1			7
	6	4						
7					8		1	
	3					4	9	

9	1			3		8		5
3			8			9		
	5							
			9	1				
	3						2	
				8	7			
							4	
		2			5			1
8		5		9			6	7

366

5	3			8			1	7
		9				2		
	8						5	
4		2		6	9			
			3	7		8		5
	1						8	
		4				5		
8	6			9			3	1

367

MIGRAINE

368

					7		5	9
	8	9				6		
1			2		3	7		
4			1					
				2				
					9			2
		4	8		5			7
		7				8	6	
2	1		4					

369

		8				1		7
				2		4	9	3
9			1			5		
		7						6
				9				
4						2		
		6			7			8
7	2	9		5				
1		3				9		

MIGRAINE

2								
				7	9		6	
8	3	9	1					7
	5		3				1	
				5				
	6				4		2	
7					2	1	5	9
	4		8	3				
								3

370

	3				4		2	
5	8		3	9				
	6							
7					6	2		
		5				8		
		8	9					1
							4	
				4	3		6	2
	9		6				3	

371

372

					9			4
		4				6	9	
		1			4		5	
		9		2		1	6	
				9				
	4	3		6		9		
	2		7			3		
	3	6				4		
8			5					

373

7					5			
		6		1	7		2	
	9			2			3	
	2						4	8
9								6
6	5						9	
	4			3			5	
	3		1	9		8		
			8					1

5						2		
	2		6	8			4	
	6	1						9
					4		9	7
1								3
2	3		7					
9						3	8	
	4			9	8		7	
		2						1

374

9	8	2			5		6	4
	6				7			1
						9		
			8	7				
5								6
				1	4			
		8						
6			4				5	
4	5		2			8	9	7

375

MIGRAINE

376

1				4		3		
					1		5	
	8						2	9
4							3	
	9		7		3		6	
	2							5
3	6						9	
	5		8					
		8		6				2

377

		2			3	9		
	8					1		
			8		7			4
8			7					
4		3		2		5		6
					4			9
7			4		1			
		6					9	
		8	3			2		

MIGRAINE

				6		8		
			8			7		2
5		3						
	6					9		8
3			1		2			6
1		8					5	
						1		4
6		2			5			
		7		2				

378

					1	6		
3	9			8			1	
8			2			7		
								9
		6	7		3	2		
2								
		3			5			4
	8			1			5	3
		5	6					

379

380

4			9			7		5
			4					
7	2					8	1	
						2		8
	1			6			9	
5		3						
	9	5					6	1
					4			
3		2			8			7

381

	2							
	8	3	9			5		
			3	1		4	2	
	5					3	6	
				9				
	7	1					4	
	9	7		2	5			
		6			8	2	3	
							1	

2			6				4	
		9					5	
	3	5				6		
	4			8	5			3
				1				
1			9	2			6	
		2				5	1	
	8					4		
	5				3			8

382

		1		2				
		9			1	7		8
	4							
6							3	1
	1		9		4		8	
3	2							5
							9	
9		7	1			6		
				8		3		

383

MIGRAINE

384

2	3	9						
							2	
	8		4				5	9
		8	6					
		4	9	7	5	8		
					3	9		
7	2				8		4	
	1							
						7	6	5

385

	2	4					5	
		3		4				
		8	3		7			
	5				9			6
		7	8		6	3		
1			5				4	
			7		3	8		
				9		4		
	6					5	1	

	3	9			8			
							5	
		5	6	7	4		8	
9	1	4						3
3						7	1	2
	8		5	6	7	4		
	5							
			4			8	7	

386

6		7			9		2	
	3						7	8
						4		
		4		7	2	8		3
1		6	8	4		5		
		3						
5	2						8	
	9		4			1		6

387

388

	3	2		5				
	5		6	9			1	
	2	4			7	6		
		9	1		4	2		
		6	2			1	5	
	1			4	5		8	
				7		9	3	

389

	4		6		2			
5			3	7				4
8				5			9	
	5	4						
	7						1	
						9	8	
	6			2				1
2				8	1			9
			9		6		2	

MIGRAINE

	2			6	4	9	1	
1	9			2			5	
			3					
					3		2	
6								8
	7		9					
					8			
	4			5			9	3
	5	7	2	9			6	

390

3	7		6					
1			7				3	
							5	
	3	5	8		2			
6				1				8
			3		9	7	6	
	2							
	6				5			4
					1		7	9

391

392

		4			8			
				3	5			
7		8		9		5	4	
	6			4				1
		9				7		
1				2			3	
	4	5		7		9		8
			1	8				
			6			4		

393

		3			1		5	
9				5		6	1	4
					2			
6	5			3	7			
			1	2			3	9
			8					
1	4	5		9				6
	6		2			3		

394

			9					
	4	5	6		8			
		8	2			7		5
	9							6
		7	8		5	3		
3							8	
6		3			7	8		
			3		1	5	7	
					9			

395

5			7					8
7					9			
3		8			5	6		
	8		6				3	
				4				
	1				2		8	
		5	2			9		7
			9					6
8					7			5

396

		3	6		1			
			4				3	
	2					5	1	6
			2				6	
	5			7			2	
	1				4			
3	6	2					5	
	4				8			
			9		3	1		

397

		5		9				
8		6			2		1	
	3			4				5
					9	2		8
2								4
1		9	8					
6				3			7	
	1		9			6		3
				5		4		

	1	6	8	3				2
					4	7		
9	3							
	6		1					
8								4
					2		5	
							8	7
		2	3					
7				2	6	3	4	

398

	9				1	8		
5	6		4		3	9		
			2					6
			7					
4				5				9
					2			
3					4			
		1	8		5		6	2
		2	6				7	

399

400

						5		8
4								7
	3		5	6				
	1				5			9
	8	9				3	6	
7			1				4	
				9	2		8	
1								4
3		7						

401

6	2		5					4
					3			
		5	1					9
		1	2			8		
				3				
		3			8	7		
8					7	3		
			4					
4					1		5	2

ANSWERS

1

3	5	1	6	4	9	7	2	8
4	7	8	5	1	2	6	9	3
2	6	9	8	3	7	1	5	4
5	4	7	9	6	8	3	1	2
8	1	3	4	2	5	9	7	6
9	2	6	1	7	3	4	8	5
6	3	5	2	9	1	8	4	7
1	8	4	7	5	6	2	3	9
7	9	2	3	8	4	5	6	1

2

7	1	9	6	3	4	2	8	5
6	4	3	2	5	8	1	7	9
8	5	2	9	7	1	6	3	4
1	8	6	3	4	5	9	2	7
4	3	7	1	9	2	5	6	8
2	9	5	8	6	7	4	1	3
9	7	8	5	1	6	3	4	2
5	6	4	7	2	3	8	9	1
3	2	1	4	8	9	7	5	6

3

2	4	5	8	9	6	3	1	7
7	3	6	5	2	1	8	4	9
8	9	1	4	3	7	6	5	2
4	2	8	1	6	9	5	7	3
5	6	9	3	7	4	1	2	8
3	1	7	2	8	5	4	9	6
1	7	2	6	5	3	9	8	4
9	5	3	7	4	8	2	6	1
6	8	4	9	1	2	7	3	5

4

4	5	6	7	2	3	8	9	1
7	1	3	4	8	9	2	6	5
9	8	2	6	1	5	4	3	7
8	3	7	9	5	2	1	4	6
1	4	9	8	3	6	7	5	2
6	2	5	1	4	7	9	8	3
5	6	1	2	9	4	3	7	8
2	7	4	3	6	8	5	1	9
3	9	8	5	7	1	6	2	4

5

5	1	2	3	6	4	9	8	7
8	9	4	1	2	7	6	3	5
7	3	6	5	8	9	4	2	1
1	2	7	9	4	8	3	5	6
4	5	8	7	3	6	2	1	9
3	6	9	2	5	1	8	7	4
2	7	3	4	9	5	1	6	8
6	4	5	8	1	3	7	9	2
9	8	1	6	7	2	5	4	3

6

5	6	4	1	8	9	3	2	7
8	9	2	5	3	7	1	6	4
7	1	3	4	2	6	8	9	5
1	4	9	8	7	3	6	5	2
2	8	7	6	5	4	9	1	3
3	5	6	9	1	2	7	4	8
6	7	8	2	9	5	4	3	1
4	3	5	7	6	1	2	8	9
9	2	1	3	4	8	5	7	6

7

3	5	6	4	9	1	8	7	2
7	9	1	5	2	8	6	4	3
4	8	2	7	6	3	9	5	1
5	3	9	2	8	6	4	1	7
2	6	4	1	7	9	3	8	5
1	7	8	3	4	5	2	9	6
6	1	5	9	3	4	7	2	8
9	2	3	8	1	7	5	6	4
8	4	7	6	5	2	1	3	9

8

6	5	1	3	8	4	9	7	2
7	8	9	1	6	2	4	5	3
2	3	4	9	7	5	1	8	6
9	2	5	7	4	6	8	3	1
8	1	3	2	5	9	7	6	4
4	7	6	8	3	1	5	2	9
5	4	2	6	1	7	3	9	8
3	9	7	4	2	8	6	1	5
1	6	8	5	9	3	2	4	7

9

5	6	3	8	4	2	7	1	9
7	9	4	6	5	1	2	3	8
1	2	8	9	7	3	5	4	6
8	4	2	3	1	6	9	7	5
6	1	7	2	9	5	3	8	4
9	3	5	7	8	4	6	2	1
3	5	9	4	2	8	1	6	7
4	7	6	1	3	9	8	5	2
2	8	1	5	6	7	4	9	3

10

4	6	7	1	5	9	8	3	2
1	9	3	2	7	8	5	6	4
5	2	8	4	3	6	1	9	7
7	5	9	8	4	2	3	1	6
3	8	4	7	6	1	2	5	9
2	1	6	3	9	5	7	4	8
6	4	1	5	2	7	9	8	3
9	7	5	6	8	3	4	2	1
8	3	2	9	1	4	6	7	5

11

8	7	6	5	1	9	3	2	4
3	5	9	4	7	2	8	6	1
1	2	4	3	6	8	9	7	5
4	3	7	9	5	6	1	8	2
2	1	8	7	3	4	5	9	6
9	6	5	2	8	1	4	3	7
6	8	2	1	9	5	7	4	3
5	9	3	6	4	7	2	1	8
7	4	1	8	2	3	6	5	9

12

5	9	6	7	2	4	3	8	1
2	3	7	8	1	6	9	4	5
8	4	1	9	5	3	6	2	7
3	1	8	6	7	2	5	9	4
9	6	4	5	3	8	1	7	2
7	2	5	1	4	9	8	3	6
6	7	3	4	8	5	2	1	9
4	8	9	2	6	1	7	5	3
1	5	2	3	9	7	4	6	8

13

7	4	5	2	8	6	1	3	9
9	1	8	7	4	3	2	6	5
2	3	6	9	1	5	7	8	4
6	7	3	8	2	4	5	9	1
4	9	2	5	6	1	8	7	3
5	8	1	3	7	9	4	2	6
1	2	4	6	9	8	3	5	7
3	6	7	4	5	2	9	1	8
8	5	9	1	3	7	6	4	2

14

7	8	9	3	4	6	5	1	2
5	6	3	1	9	2	7	4	8
1	2	4	8	5	7	6	9	3
3	9	7	6	1	8	2	5	4
4	5	2	9	7	3	8	6	1
6	1	8	4	2	5	9	3	7
2	3	5	7	6	4	1	8	9
8	7	1	5	3	9	4	2	6
9	4	6	2	8	1	3	7	5

15

3	8	6	4	1	5	2	9	7
2	7	4	8	9	3	5	1	6
9	5	1	2	7	6	8	3	4
1	3	7	6	5	8	9	4	2
6	2	9	7	4	1	3	8	5
5	4	8	9	3	2	6	7	1
4	9	3	5	2	7	1	6	8
7	6	2	1	8	9	4	5	3
8	1	5	3	6	4	7	2	9

16

8	1	5	3	9	4	6	2	7
2	7	6	1	8	5	4	9	3
9	3	4	7	6	2	8	5	1
4	5	7	6	2	3	9	1	8
1	8	2	9	5	7	3	4	6
6	9	3	8	4	1	5	7	2
3	4	9	2	7	8	1	6	5
7	6	8	5	1	9	2	3	4
5	2	1	4	3	6	7	8	9

17

9	6	5	7	1	8	2	3	4
4	7	1	2	9	3	6	5	8
3	8	2	6	5	4	7	1	9
1	2	6	8	3	5	4	9	7
5	3	9	4	2	7	8	6	1
7	4	8	1	6	9	5	2	3
2	5	7	9	8	1	3	4	6
6	1	4	3	7	2	9	8	5
8	9	3	5	4	6	1	7	2

18

4	1	2	8	7	6	3	9	5
5	7	8	9	3	2	6	4	1
9	6	3	1	4	5	7	2	8
8	4	6	2	9	1	5	3	7
1	9	5	3	6	7	4	8	2
2	3	7	4	5	8	1	6	9
7	8	9	6	1	3	2	5	4
6	2	1	5	8	4	9	7	3
3	5	4	7	2	9	8	1	6

19

1	2	7	5	3	9	4	6	8
6	3	9	8	4	2	7	1	5
5	4	8	7	6	1	2	9	3
8	5	6	3	2	7	1	4	9
3	7	1	9	5	4	6	8	2
2	9	4	6	1	8	3	5	7
4	1	5	2	8	3	9	7	6
7	8	2	1	9	6	5	3	4
9	6	3	4	7	5	8	2	1

20

1	3	2	4	7	6	8	5	9
8	4	9	1	2	5	3	6	7
5	6	7	3	9	8	4	1	2
9	5	6	2	8	1	7	4	3
7	1	8	5	4	3	2	9	6
3	2	4	7	6	9	5	8	1
2	9	5	8	1	7	6	3	4
4	8	1	6	3	2	9	7	5
6	7	3	9	5	4	1	2	8

21

3	6	8	4	1	9	2	5	7
7	2	4	5	8	6	3	9	1
1	9	5	3	7	2	8	4	6
8	4	1	9	3	7	6	2	5
9	7	2	6	5	4	1	3	8
6	5	3	8	2	1	9	7	4
4	1	9	2	6	5	7	8	3
5	8	6	7	9	3	4	1	2
2	3	7	1	4	8	5	6	9

22

3	5	7	4	2	6	9	1	8
9	6	4	1	3	8	5	2	7
2	1	8	7	9	5	4	6	3
4	3	1	6	5	9	8	7	2
5	8	6	3	7	2	1	9	4
7	2	9	8	4	1	6	3	5
6	7	5	2	1	4	3	8	9
8	4	3	9	6	7	2	5	1
1	9	2	5	8	3	7	4	6

23

1	4	3	6	5	8	7	2	9
5	9	7	2	4	1	6	3	8
6	8	2	9	3	7	1	4	5
2	1	5	7	8	4	3	9	6
4	7	9	3	6	5	2	8	1
3	6	8	1	9	2	5	7	4
7	5	4	8	2	6	9	1	3
9	2	6	4	1	3	8	5	7
8	3	1	5	7	9	4	6	2

24

3	2	5	7	8	6	4	1	9
4	9	1	3	2	5	8	6	7
6	7	8	9	1	4	3	5	2
2	5	4	8	9	3	1	7	6
7	8	3	5	6	1	2	9	4
1	6	9	4	7	2	5	3	8
5	1	2	6	4	9	7	8	3
8	4	6	1	3	7	9	2	5
9	3	7	2	5	8	6	4	1

25

1	6	5	8	3	9	4	7	2
8	9	2	5	7	4	6	3	1
7	4	3	1	2	6	5	9	8
2	1	6	4	9	8	3	5	7
9	5	8	3	1	7	2	6	4
3	7	4	2	6	5	8	1	9
6	8	1	9	4	3	7	2	5
5	2	7	6	8	1	9	4	3
4	3	9	7	5	2	1	8	6

26

7	6	8	9	4	2	3	5	1
9	2	4	1	3	5	6	7	8
3	1	5	6	7	8	9	2	4
5	3	9	8	1	7	4	6	2
8	7	6	4	2	9	5	1	3
2	4	1	3	5	6	7	8	9
4	5	3	7	8	1	2	9	6
6	8	7	2	9	4	1	3	5
1	9	2	5	6	3	8	4	7

27

5	6	2	8	7	1	4	9	3
1	9	8	4	3	6	2	7	5
3	7	4	9	2	5	8	1	6
4	3	7	1	6	2	9	5	8
9	5	6	7	8	4	3	2	1
2	8	1	5	9	3	7	6	4
6	4	9	3	1	7	5	8	2
8	2	3	6	5	9	1	4	7
7	1	5	2	4	8	6	3	9

28

6	8	2	7	5	3	4	9	1
3	4	1	9	2	6	5	8	7
9	7	5	1	8	4	2	3	6
5	9	4	8	6	2	1	7	3
2	3	7	4	1	9	8	6	5
8	1	6	3	7	5	9	4	2
4	2	9	6	3	1	7	5	8
7	5	3	2	4	8	6	1	9
1	6	8	5	9	7	3	2	4

29

3	4	1	2	8	5	9	6	7
5	9	2	3	6	7	4	8	1
8	6	7	1	9	4	3	5	2
7	5	3	6	4	9	1	2	8
1	2	6	8	5	3	7	4	9
4	8	9	7	2	1	5	3	6
9	3	8	5	1	2	6	7	4
2	7	4	9	3	6	8	1	5
6	1	5	4	7	8	2	9	3

30

1	7	4	2	5	9	3	6	8
2	5	6	7	3	8	1	9	4
9	8	3	1	4	6	7	2	5
7	1	2	8	9	3	4	5	6
4	6	8	5	7	2	9	3	1
3	9	5	6	1	4	8	7	2
5	4	1	3	2	7	6	8	9
8	3	9	4	6	5	2	1	7
6	2	7	9	8	1	5	4	3

31

2	5	3	9	4	6	7	1	8
9	7	1	8	3	2	6	5	4
8	6	4	7	5	1	2	9	3
4	9	2	1	8	3	5	6	7
3	1	5	4	6	7	8	2	9
7	8	6	5	2	9	3	4	1
1	3	9	2	7	5	4	8	6
5	4	7	6	1	8	9	3	2
6	2	8	3	9	4	1	7	5

32

7	5	6	9	2	4	1	3	8
4	8	3	1	5	7	2	6	9
9	2	1	6	8	3	4	7	5
8	7	5	4	6	2	9	1	3
1	3	2	7	9	5	6	8	4
6	9	4	8	3	1	7	5	2
3	4	9	5	1	6	8	2	7
5	1	8	2	7	9	3	4	6
2	6	7	3	4	8	5	9	1

33

4	8	3	1	2	9	7	6	5
5	9	7	6	3	4	8	1	2
1	6	2	8	7	5	3	4	9
3	7	1	4	9	6	2	5	8
9	4	6	2	5	8	1	7	3
2	5	8	7	1	3	6	9	4
6	2	5	3	4	1	9	8	7
7	1	4	9	8	2	5	3	6
8	3	9	5	6	7	4	2	1

34

7	6	5	2	1	8	4	9	3
4	3	8	9	7	6	1	2	5
2	1	9	3	5	4	6	7	8
1	4	3	8	2	7	9	5	6
8	7	6	5	9	1	2	3	4
5	9	2	6	4	3	7	8	1
6	8	7	1	3	9	5	4	2
9	5	1	4	8	2	3	6	7
3	2	4	7	6	5	8	1	9

35

5	3	6	1	4	9	8	2	7
8	1	2	7	3	6	9	4	5
9	7	4	2	8	5	3	6	1
4	8	3	5	9	2	1	7	6
1	6	5	4	7	3	2	8	9
2	9	7	8	6	1	5	3	4
3	4	1	6	5	8	7	9	2
6	5	9	3	2	7	4	1	8
7	2	8	9	1	4	6	5	3

36

7	1	2	8	4	3	5	9	6
6	8	5	2	1	9	7	3	4
4	9	3	7	5	6	2	1	8
1	6	9	5	3	2	4	8	7
8	2	7	1	9	4	6	5	3
3	5	4	6	8	7	1	2	9
9	4	6	3	2	1	8	7	5
5	7	1	9	6	8	3	4	2
2	3	8	4	7	5	9	6	1

37

6	5	9	4	8	3	2	1	7
4	3	8	1	2	7	5	9	6
2	7	1	5	9	6	8	4	3
1	6	3	2	7	8	4	5	9
8	4	5	3	1	9	6	7	2
7	9	2	6	4	5	1	3	8
3	8	4	7	5	2	9	6	1
5	2	7	9	6	1	3	8	4
9	1	6	8	3	4	7	2	5

38

6	5	3	9	7	8	2	4	1
4	1	7	5	2	3	8	6	9
2	8	9	1	6	4	7	3	5
9	7	1	4	5	6	3	2	8
3	4	8	2	9	1	6	5	7
5	6	2	3	8	7	1	9	4
1	3	6	7	4	5	9	8	2
7	9	5	8	3	2	4	1	6
8	2	4	6	1	9	5	7	3

39

9	1	5	4	6	7	3	2	8
7	8	3	2	1	5	6	9	4
2	4	6	8	9	3	1	5	7
6	3	9	1	2	4	8	7	5
1	2	8	5	7	9	4	3	6
4	5	7	6	3	8	2	1	9
5	9	4	3	8	1	7	6	2
3	7	2	9	4	6	5	8	1
8	6	1	7	5	2	9	4	3

40

7	6	9	1	3	8	2	4	5
2	3	4	7	6	5	8	9	1
1	5	8	9	2	4	7	6	3
3	4	7	2	5	9	6	1	8
6	2	1	4	8	3	5	7	9
8	9	5	6	1	7	3	2	4
9	1	3	8	7	6	4	5	2
4	8	6	5	9	2	1	3	7
5	7	2	3	4	1	9	8	6

41

5	9	2	8	3	1	7	4	6
3	8	6	5	4	7	2	1	9
1	4	7	9	6	2	8	5	3
2	3	4	6	8	5	1	9	7
6	7	5	2	1	9	4	3	8
9	1	8	3	7	4	5	6	2
4	5	3	7	2	6	9	8	1
7	6	1	4	9	8	3	2	5
8	2	9	1	5	3	6	7	4

42

6	1	4	8	7	3	5	9	2
3	8	7	5	2	9	1	6	4
9	5	2	1	6	4	8	7	3
4	7	1	9	8	2	6	3	5
8	2	3	7	5	6	4	1	9
5	6	9	3	4	1	7	2	8
1	4	5	2	3	7	9	8	6
7	3	6	4	9	8	2	5	1
2	9	8	6	1	5	3	4	7

43

6	4	5	7	9	2	8	3	1
8	9	1	3	5	4	2	7	6
2	3	7	8	6	1	5	4	9
9	6	8	5	1	3	4	2	7
7	1	3	4	2	6	9	5	8
4	5	2	9	7	8	1	6	3
5	8	6	1	4	7	3	9	2
3	2	9	6	8	5	7	1	4
1	7	4	2	3	9	6	8	5

44

5	8	9	1	4	3	2	6	7
7	4	2	9	8	6	1	5	3
6	1	3	7	5	2	4	8	9
1	6	5	8	3	9	7	2	4
4	2	7	5	6	1	3	9	8
3	9	8	2	7	4	6	1	5
9	5	6	3	2	7	8	4	1
8	3	4	6	1	5	9	7	2
2	7	1	4	9	8	5	3	6

45

7	6	1	4	9	2	8	5	3
5	4	8	6	7	3	2	1	9
2	9	3	8	5	1	6	4	7
6	1	4	3	8	7	9	2	5
9	3	2	5	1	6	7	8	4
8	5	7	9	2	4	1	3	6
4	2	5	7	6	8	3	9	1
3	8	6	1	4	9	5	7	2
1	7	9	2	3	5	4	6	8

46

9	5	4	6	8	3	1	2	7
3	6	8	1	7	2	9	5	4
1	7	2	9	4	5	8	6	3
2	9	6	7	3	1	4	8	5
5	4	3	8	2	9	6	7	1
7	8	1	4	5	6	2	3	9
4	3	7	2	1	8	5	9	6
6	2	5	3	9	4	7	1	8
8	1	9	5	6	7	3	4	2

47

1	8	3	9	7	5	6	2	4
9	6	2	4	1	3	8	7	5
5	4	7	2	6	8	1	9	3
7	1	6	3	5	4	2	8	9
4	5	8	7	2	9	3	1	6
3	2	9	6	8	1	5	4	7
6	7	4	1	3	2	9	5	8
2	9	5	8	4	6	7	3	1
8	3	1	5	9	7	4	6	2

48

5	6	8	1	4	3	2	9	7
1	9	3	7	8	2	4	6	5
2	4	7	5	9	6	3	1	8
3	7	6	9	2	8	1	5	4
4	1	9	6	5	7	8	3	2
8	2	5	3	1	4	9	7	6
6	5	2	4	3	1	7	8	9
9	8	1	2	7	5	6	4	3
7	3	4	8	6	9	5	2	1

49

1	4	7	9	6	2	3	5	8
5	9	3	7	1	8	6	4	2
6	2	8	4	3	5	1	7	9
3	5	9	6	4	1	8	2	7
4	7	6	2	8	9	5	1	3
8	1	2	3	5	7	4	9	6
2	6	1	5	9	3	7	8	4
9	3	5	8	7	4	2	6	1
7	8	4	1	2	6	9	3	5

50

3	7	2	6	4	9	8	1	5
4	8	1	5	2	3	9	6	7
6	9	5	7	8	1	3	2	4
5	2	7	4	3	8	6	9	1
8	1	4	9	6	5	2	7	3
9	3	6	2	1	7	4	5	8
1	5	8	3	9	2	7	4	6
2	6	3	1	7	4	5	8	9
7	4	9	8	5	6	1	3	2

51

3	1	9	5	4	7	8	2	6
5	7	8	2	9	6	4	3	1
2	4	6	3	1	8	5	9	7
7	9	4	8	2	1	3	6	5
8	3	2	6	7	5	1	4	9
1	6	5	9	3	4	2	7	8
9	2	1	7	8	3	6	5	4
4	5	7	1	6	2	9	8	3
6	8	3	4	5	9	7	1	2

52

2	4	7	5	1	9	6	8	3
8	9	6	7	2	3	4	1	5
1	3	5	8	4	6	2	7	9
3	7	1	2	6	5	9	4	8
6	8	4	3	9	1	5	2	7
5	2	9	4	7	8	1	3	6
4	5	2	6	8	7	3	9	1
7	1	3	9	5	2	8	6	4
9	6	8	1	3	4	7	5	2

53

8	2	1	6	7	3	5	9	4
3	9	4	5	8	1	2	6	7
6	5	7	4	9	2	1	8	3
4	8	6	1	2	5	7	3	9
2	7	5	3	6	9	8	4	1
9	1	3	7	4	8	6	2	5
5	4	2	9	1	6	3	7	8
7	3	8	2	5	4	9	1	6
1	6	9	8	3	7	4	5	2

54

8	3	7	6	9	2	5	4	1
4	1	9	5	3	8	2	6	7
5	6	2	4	1	7	8	9	3
3	2	1	9	8	6	4	7	5
6	5	8	1	7	4	3	2	9
9	7	4	3	2	5	1	8	6
7	4	5	8	6	3	9	1	2
1	8	6	2	5	9	7	3	4
2	9	3	7	4	1	6	5	8

55

7	3	9	6	4	5	2	8	1
2	6	4	8	1	9	7	5	3
1	5	8	3	7	2	6	4	9
6	1	5	7	9	3	8	2	4
3	9	7	2	8	4	1	6	5
8	4	2	5	6	1	9	3	7
5	7	3	9	2	8	4	1	6
4	2	6	1	3	7	5	9	8
9	8	1	4	5	6	3	7	2

56

8	3	2	6	1	7	5	9	4
9	1	5	2	3	4	6	8	7
4	7	6	5	8	9	2	1	3
3	4	9	8	7	6	1	5	2
1	6	7	3	5	2	8	4	9
2	5	8	4	9	1	3	7	6
6	9	4	1	2	8	7	3	5
7	8	3	9	6	5	4	2	1
5	2	1	7	4	3	9	6	8

57

7	5	8	4	2	3	1	6	9
3	1	4	6	9	5	2	8	7
9	2	6	7	8	1	4	5	3
8	4	2	1	5	9	7	3	6
1	9	5	3	6	7	8	2	4
6	3	7	8	4	2	5	9	1
5	7	3	9	1	8	6	4	2
2	6	1	5	3	4	9	7	8
4	8	9	2	7	6	3	1	5

58

9	1	7	3	2	8	6	4	5
3	2	5	7	4	6	9	8	1
6	4	8	1	5	9	3	2	7
2	3	4	8	7	1	5	6	9
7	5	6	9	3	4	2	1	8
1	8	9	5	6	2	4	7	3
8	6	1	2	9	3	7	5	4
5	9	2	4	1	7	8	3	6
4	7	3	6	8	5	1	9	2

59

8	3	2	4	7	1	5	9	6
5	9	1	3	6	8	2	4	7
6	7	4	2	9	5	1	3	8
2	5	6	1	3	7	4	8	9
4	8	3	6	2	9	7	1	5
7	1	9	8	5	4	3	6	2
9	6	5	7	1	3	8	2	4
1	2	8	5	4	6	9	7	3
3	4	7	9	8	2	6	5	1

60

8	1	4	7	5	9	2	6	3
5	2	9	6	4	3	8	1	7
7	6	3	2	8	1	4	9	5
9	8	7	4	6	5	3	2	1
3	5	2	8	1	7	6	4	9
6	4	1	9	3	2	5	7	8
4	7	8	3	9	6	1	5	2
2	3	5	1	7	4	9	8	6
1	9	6	5	2	8	7	3	4

61

2	8	3	9	5	1	6	7	4
9	5	1	6	7	4	8	3	2
6	7	4	2	8	3	9	1	5
5	4	8	7	3	6	1	2	9
3	9	2	4	1	5	7	8	6
1	6	7	8	9	2	4	5	3
8	2	9	5	4	7	3	6	1
7	3	6	1	2	9	5	4	8
4	1	5	3	6	8	2	9	7

62

7	9	2	6	1	5	4	8	3
3	8	6	4	7	9	5	2	1
4	1	5	2	3	8	9	7	6
9	6	1	5	8	7	3	4	2
2	5	4	9	6	3	7	1	8
8	7	3	1	2	4	6	9	5
5	3	8	7	9	2	1	6	4
1	2	9	3	4	6	8	5	7
6	4	7	8	5	1	2	3	9

63

9	6	2	3	1	4	8	5	7
1	8	5	2	7	6	3	4	9
7	4	3	8	9	5	1	2	6
2	1	6	9	5	7	4	8	3
3	9	8	1	4	2	6	7	5
5	7	4	6	8	3	2	9	1
4	3	7	5	2	1	9	6	8
8	5	1	4	6	9	7	3	2
6	2	9	7	3	8	5	1	4

64

1	7	9	8	2	6	5	3	4
3	8	5	1	9	4	2	7	6
4	2	6	7	5	3	8	9	1
5	3	8	6	4	7	1	2	9
9	1	7	5	8	2	6	4	3
6	4	2	3	1	9	7	8	5
7	5	1	9	3	8	4	6	2
2	6	3	4	7	5	9	1	8
8	9	4	2	6	1	3	5	7

65

9	6	2	8	4	1	3	5	7
5	4	1	3	7	2	9	6	8
8	3	7	9	6	5	2	1	4
7	5	4	1	3	6	8	2	9
6	1	8	2	9	7	5	4	3
2	9	3	5	8	4	6	7	1
1	7	9	6	2	8	4	3	5
3	2	5	4	1	9	7	8	6
4	8	6	7	5	3	1	9	2

66

6	5	9	3	7	1	2	8	4
8	1	7	6	4	2	5	3	9
4	3	2	8	9	5	7	1	6
1	2	8	7	6	4	9	5	3
3	7	5	2	1	9	6	4	8
9	6	4	5	8	3	1	2	7
7	8	3	1	5	6	4	9	2
5	9	6	4	2	8	3	7	1
2	4	1	9	3	7	8	6	5

67

8	1	2	9	3	7	5	6	4
6	4	3	5	1	8	9	7	2
5	9	7	2	6	4	1	8	3
1	5	6	4	2	3	7	9	8
3	7	9	8	5	1	2	4	6
4	2	8	6	7	9	3	1	5
9	6	1	3	8	2	4	5	7
2	8	4	7	9	5	6	3	1
7	3	5	1	4	6	8	2	9

68

6	3	9	4	8	7	2	5	1
4	2	5	6	9	1	3	7	8
1	7	8	3	5	2	9	6	4
8	4	1	7	3	6	5	2	9
3	9	7	5	2	4	1	8	6
2	5	6	9	1	8	4	3	7
9	6	3	8	4	5	7	1	2
7	1	4	2	6	3	8	9	5
5	8	2	1	7	9	6	4	3

69

3	1	6	9	2	8	5	4	7
2	7	4	6	1	5	3	9	8
9	5	8	4	7	3	2	1	6
6	2	7	5	4	1	8	3	9
5	8	1	3	9	2	7	6	4
4	9	3	8	6	7	1	5	2
8	4	5	7	3	6	9	2	1
7	6	2	1	5	9	4	8	3
1	3	9	2	8	4	6	7	5

70

1	6	5	2	7	4	9	8	3
3	2	4	9	6	8	5	7	1
9	8	7	3	5	1	6	4	2
5	1	9	6	8	7	2	3	4
8	4	2	5	1	3	7	9	6
7	3	6	4	2	9	1	5	8
2	9	3	7	4	6	8	1	5
6	7	8	1	3	5	4	2	9
4	5	1	8	9	2	3	6	7

71

2	9	1	3	4	7	6	8	5
6	5	7	1	8	2	3	4	9
4	3	8	9	6	5	1	2	7
9	6	2	5	7	3	4	1	8
1	7	4	8	2	9	5	3	6
5	8	3	4	1	6	7	9	2
8	4	9	6	5	1	2	7	3
7	1	6	2	3	8	9	5	4
3	2	5	7	9	4	8	6	1

72

5	1	2	6	9	4	7	3	8
7	8	4	3	5	2	1	6	9
9	3	6	7	8	1	2	4	5
1	7	3	2	6	9	5	8	4
6	5	9	8	4	7	3	1	2
2	4	8	1	3	5	6	9	7
8	6	7	4	2	3	9	5	1
4	9	1	5	7	6	8	2	3
3	2	5	9	1	8	4	7	6

73

6	9	8	7	1	5	3	4	2
1	5	3	6	2	4	8	7	9
7	2	4	3	9	8	1	5	6
8	1	5	4	6	2	7	9	3
3	6	7	5	8	9	2	1	4
2	4	9	1	7	3	5	6	8
9	3	6	2	5	1	4	8	7
4	7	1	8	3	6	9	2	5
5	8	2	9	4	7	6	3	1

74

2	1	5	6	4	3	9	7	8
9	6	3	5	8	7	4	1	2
7	4	8	2	9	1	3	5	6
6	3	7	1	5	8	2	4	9
5	9	1	4	6	2	8	3	7
8	2	4	3	7	9	5	6	1
4	5	9	8	1	6	7	2	3
1	7	2	9	3	5	6	8	4
3	8	6	7	2	4	1	9	5

75

4	1	6	2	5	7	9	8	3
9	7	8	4	3	6	5	1	2
5	2	3	1	8	9	7	6	4
7	5	2	6	1	3	4	9	8
3	8	1	5	9	4	2	7	6
6	4	9	8	7	2	3	5	1
8	3	4	7	6	5	1	2	9
1	9	7	3	2	8	6	4	5
2	6	5	9	4	1	8	3	7

76

4	3	7	6	9	1	2	5	8
9	5	2	7	8	3	6	4	1
1	8	6	4	2	5	7	3	9
3	6	5	2	1	4	8	9	7
2	7	1	8	3	9	4	6	5
8	9	4	5	7	6	1	2	3
7	2	3	9	6	8	5	1	4
5	1	8	3	4	2	9	7	6
6	4	9	1	5	7	3	8	2

77

2	3	5	9	7	6	1	4	8
9	4	8	1	3	5	6	2	7
7	6	1	4	2	8	3	5	9
1	7	4	6	8	2	9	3	5
8	5	2	3	9	1	7	6	4
6	9	3	5	4	7	8	1	2
5	1	7	2	6	9	4	8	3
3	8	6	7	5	4	2	9	1
4	2	9	8	1	3	5	7	6

78

8	4	2	3	1	9	5	7	6
3	5	9	6	2	7	1	4	8
7	1	6	4	8	5	2	3	9
1	9	8	2	5	3	4	6	7
4	6	7	1	9	8	3	2	5
5	2	3	7	4	6	9	8	1
6	3	1	5	7	2	8	9	4
2	8	4	9	6	1	7	5	3
9	7	5	8	3	4	6	1	2

79

9	2	7	8	4	3	5	1	6
5	1	6	7	9	2	3	8	4
8	3	4	5	6	1	2	9	7
6	7	9	3	8	5	1	4	2
2	5	3	6	1	4	9	7	8
1	4	8	9	2	7	6	5	3
3	9	1	2	7	8	4	6	5
4	8	5	1	3	6	7	2	9
7	6	2	4	5	9	8	3	1

80

1	4	6	7	3	5	8	2	9
8	5	2	9	1	4	6	7	3
3	7	9	6	2	8	1	5	4
7	9	8	2	5	1	4	3	6
4	2	1	3	7	6	9	8	5
6	3	5	8	4	9	2	1	7
9	6	7	1	8	3	5	4	2
2	8	4	5	6	7	3	9	1
5	1	3	4	9	2	7	6	8

81

1	3	7	5	2	8	6	9	4
2	5	8	9	6	4	7	1	3
9	4	6	1	7	3	5	2	8
5	7	4	8	3	1	2	6	9
8	2	9	7	5	6	4	3	1
6	1	3	2	4	9	8	7	5
3	8	2	6	9	5	1	4	7
4	6	1	3	8	7	9	5	2
7	9	5	4	1	2	3	8	6

82

4	9	7	8	1	2	6	3	5
3	6	2	9	5	7	4	1	8
1	8	5	3	6	4	2	9	7
7	2	3	4	8	9	1	5	6
8	1	9	6	2	5	7	4	3
6	5	4	1	7	3	8	2	9
9	4	6	7	3	1	5	8	2
5	7	1	2	9	8	3	6	4
2	3	8	5	4	6	9	7	1

83

2	3	7	6	4	5	8	9	1
4	8	6	9	1	2	5	3	7
9	1	5	3	7	8	6	4	2
6	7	8	2	3	9	4	1	5
5	2	3	4	6	1	9	7	8
1	4	9	8	5	7	2	6	3
3	9	2	7	8	4	1	5	6
8	6	1	5	9	3	7	2	4
7	5	4	1	2	6	3	8	9

84

4	3	1	6	2	9	7	5	8
5	7	8	1	3	4	2	9	6
6	9	2	7	8	5	4	1	3
7	1	9	3	5	6	8	2	4
8	5	3	4	1	2	6	7	9
2	6	4	8	9	7	1	3	5
1	8	5	2	6	3	9	4	7
3	2	7	9	4	8	5	6	1
9	4	6	5	7	1	3	8	2

85

3	7	1	6	9	8	2	4	5
2	8	4	5	1	7	6	9	3
9	6	5	4	3	2	8	1	7
6	1	7	2	8	5	9	3	4
4	2	9	3	7	6	5	8	1
8	5	3	1	4	9	7	2	6
5	4	8	9	6	3	1	7	2
1	9	6	7	2	4	3	5	8
7	3	2	8	5	1	4	6	9

86

4	8	5	1	3	9	6	2	7
1	3	2	7	6	5	9	4	8
9	7	6	8	2	4	3	5	1
8	5	1	4	7	6	2	3	9
3	2	7	5	9	8	1	6	4
6	9	4	2	1	3	8	7	5
7	1	9	3	4	2	5	8	6
2	4	8	6	5	1	7	9	3
5	6	3	9	8	7	4	1	2

87

5	6	4	7	2	1	8	9	3
2	3	9	6	8	5	7	4	1
8	1	7	9	4	3	2	6	5
3	8	6	1	9	7	5	2	4
4	5	2	3	6	8	9	1	7
7	9	1	4	5	2	3	8	6
1	2	3	8	7	4	6	5	9
9	7	5	2	1	6	4	3	8
6	4	8	5	3	9	1	7	2

88

5	2	9	1	7	8	6	4	3
4	8	6	2	5	3	9	1	7
7	1	3	6	9	4	5	2	8
1	6	5	4	3	2	7	8	9
8	7	4	5	1	9	3	6	2
9	3	2	8	6	7	4	5	1
6	9	1	7	8	5	2	3	4
2	5	7	3	4	1	8	9	6
3	4	8	9	2	6	1	7	5

89

3	6	1	7	9	2	5	8	4
5	4	9	8	6	3	1	2	7
2	8	7	1	4	5	9	3	6
4	5	6	3	2	7	8	1	9
7	2	3	9	8	1	4	6	5
1	9	8	4	5	6	2	7	3
9	1	5	6	3	8	7	4	2
8	3	4	2	7	9	6	5	1
6	7	2	5	1	4	3	9	8

90

8	3	1	9	6	5	7	2	4
4	9	6	2	7	3	5	1	8
2	5	7	4	1	8	9	6	3
3	7	9	5	8	2	6	4	1
5	4	8	6	9	1	3	7	2
1	6	2	7	3	4	8	9	5
6	1	4	3	5	7	2	8	9
7	8	3	1	2	9	4	5	6
9	2	5	8	4	6	1	3	7

91

4	6	5	3	7	2	1	8	9
8	7	2	1	4	9	6	3	5
1	3	9	6	5	8	4	7	2
9	8	1	4	3	7	5	2	6
2	5	6	9	8	1	7	4	3
7	4	3	2	6	5	9	1	8
3	2	7	5	9	4	8	6	1
6	9	8	7	1	3	2	5	4
5	1	4	8	2	6	3	9	7

92

7	8	9	4	2	3	1	6	5
2	5	3	6	9	1	4	7	8
1	6	4	5	8	7	9	3	2
3	7	1	9	6	5	8	2	4
5	4	2	7	1	8	3	9	6
8	9	6	2	3	4	7	5	1
4	3	7	8	5	2	6	1	9
6	2	8	1	7	9	5	4	3
9	1	5	3	4	6	2	8	7

93

9	5	1	2	4	3	7	6	8
8	4	3	7	5	6	9	2	1
6	2	7	8	1	9	3	4	5
7	3	5	6	2	4	1	8	9
4	1	8	9	7	5	2	3	6
2	6	9	3	8	1	5	7	4
3	9	4	5	6	7	8	1	2
5	8	6	1	3	2	4	9	7
1	7	2	4	9	8	6	5	3

94

4	7	9	3	5	1	8	2	6
5	8	1	2	4	6	7	9	3
2	3	6	7	9	8	5	1	4
1	4	7	8	6	9	3	5	2
3	5	8	4	2	7	9	6	1
6	9	2	5	1	3	4	7	8
7	6	3	9	8	2	1	4	5
9	2	5	1	3	4	6	8	7
8	1	4	6	7	5	2	3	9

95

3	9	4	1	5	8	6	2	7
5	2	1	7	6	4	8	3	9
8	7	6	2	3	9	4	5	1
1	3	5	8	4	7	9	6	2
7	8	9	6	2	5	1	4	3
4	6	2	3	9	1	5	7	8
6	4	8	9	7	3	2	1	5
2	1	7	5	8	6	3	9	4
9	5	3	4	1	2	7	8	6

96

9	1	4	5	8	3	6	7	2
6	5	7	2	4	1	3	8	9
8	3	2	9	7	6	1	4	5
4	7	6	3	2	5	8	9	1
2	8	5	1	9	7	4	3	6
3	9	1	4	6	8	5	2	7
1	2	9	8	5	4	7	6	3
5	6	8	7	3	2	9	1	4
7	4	3	6	1	9	2	5	8

97

3	8	4	6	9	5	1	7	2
5	2	7	1	3	8	4	9	6
1	6	9	7	2	4	5	8	3
6	7	5	3	8	2	9	1	4
9	3	8	4	5	1	2	6	7
2	4	1	9	7	6	8	3	5
8	9	6	2	4	3	7	5	1
7	1	2	5	6	9	3	4	8
4	5	3	8	1	7	6	2	9

98

6	8	9	2	5	3	7	1	4
1	2	3	8	4	7	6	9	5
5	4	7	6	1	9	2	3	8
7	1	6	4	2	8	3	5	9
8	9	5	1	3	6	4	2	7
4	3	2	9	7	5	1	8	6
2	5	1	7	9	4	8	6	3
9	6	4	3	8	2	5	7	1
3	7	8	5	6	1	9	4	2

99

9	1	6	2	8	7	3	4	5
5	8	4	6	3	1	7	2	9
2	3	7	9	5	4	6	8	1
8	5	9	1	7	3	4	6	2
4	7	1	8	2	6	5	9	3
3	6	2	5	4	9	1	7	8
6	9	3	4	1	8	2	5	7
7	4	5	3	9	2	8	1	6
1	2	8	7	6	5	9	3	4

100

2	6	8	7	9	3	5	1	4
4	1	5	8	2	6	9	3	7
9	3	7	4	1	5	2	6	8
7	2	6	5	4	1	3	8	9
1	8	4	9	3	7	6	2	5
3	5	9	2	6	8	7	4	1
5	4	2	3	8	9	1	7	6
8	9	1	6	7	2	4	5	3
6	7	3	1	5	4	8	9	2

101

7	2	8	4	5	3	6	9	1
9	3	1	2	8	6	4	5	7
5	4	6	9	7	1	8	3	2
3	8	7	6	4	5	2	1	9
6	1	4	3	2	9	7	8	5
2	9	5	7	1	8	3	4	6
1	5	2	8	6	4	9	7	3
8	6	3	5	9	7	1	2	4
4	7	9	1	3	2	5	6	8

102

9	6	1	8	4	2	3	7	5
7	8	2	5	3	9	1	6	4
4	5	3	6	1	7	8	2	9
2	7	8	3	6	5	9	4	1
5	4	6	9	8	1	7	3	2
1	3	9	2	7	4	6	5	8
6	1	4	7	5	8	2	9	3
3	9	5	1	2	6	4	8	7
8	2	7	4	9	3	5	1	6

103

9	2	8	6	4	7	3	1	5
1	3	4	9	8	5	2	7	6
7	6	5	2	3	1	4	8	9
3	7	2	8	5	9	1	6	4
4	8	6	3	1	2	5	9	7
5	1	9	7	6	4	8	2	3
2	4	1	5	7	6	9	3	8
8	9	7	4	2	3	6	5	1
6	5	3	1	9	8	7	4	2

104

6	8	7	3	1	9	4	2	5
5	2	1	4	8	6	7	9	3
9	4	3	7	5	2	1	6	8
3	9	6	2	4	5	8	1	7
8	5	2	1	6	7	3	4	9
1	7	4	9	3	8	2	5	6
4	1	8	5	9	3	6	7	2
7	6	9	8	2	1	5	3	4
2	3	5	6	7	4	9	8	1

105

7	4	2	6	9	3	8	1	5
9	6	1	2	5	8	3	7	4
8	5	3	7	4	1	9	2	6
5	9	8	1	6	2	4	3	7
2	3	6	4	8	7	5	9	1
4	1	7	5	3	9	6	8	2
1	8	4	3	7	5	2	6	9
6	2	9	8	1	4	7	5	3
3	7	5	9	2	6	1	4	8

106

4	7	2	1	6	5	3	9	8
3	5	1	9	8	2	7	4	6
9	8	6	4	3	7	5	2	1
8	3	9	6	5	4	2	1	7
6	1	4	2	7	8	9	5	3
7	2	5	3	1	9	8	6	4
1	6	7	5	9	3	4	8	2
5	4	8	7	2	6	1	3	9
2	9	3	8	4	1	6	7	5

107

2	9	8	5	3	6	4	7	1
4	7	3	9	1	2	8	6	5
1	5	6	4	8	7	2	3	9
6	4	9	1	7	3	5	2	8
5	2	7	8	4	9	6	1	3
8	3	1	2	6	5	7	9	4
3	8	2	6	9	4	1	5	7
7	1	5	3	2	8	9	4	6
9	6	4	7	5	1	3	8	2

108

6	7	9	5	3	4	8	1	2
2	3	5	1	6	8	7	9	4
8	4	1	2	9	7	6	5	3
3	1	7	8	4	9	5	2	6
5	6	8	3	1	2	4	7	9
4	9	2	7	5	6	1	3	8
7	2	3	4	8	1	9	6	5
1	8	6	9	2	5	3	4	7
9	5	4	6	7	3	2	8	1

109

2	3	7	5	6	9	8	1	4
8	9	5	4	7	1	6	3	2
1	6	4	2	8	3	5	9	7
4	1	3	7	5	8	2	6	9
6	8	2	9	3	4	1	7	5
5	7	9	6	1	2	4	8	3
7	4	8	1	9	5	3	2	6
3	2	6	8	4	7	9	5	1
9	5	1	3	2	6	7	4	8

110

4	8	3	5	7	6	1	2	9
6	9	5	3	2	1	7	4	8
1	7	2	8	4	9	6	5	3
8	6	4	1	5	7	9	3	2
3	1	9	2	6	4	5	8	7
2	5	7	9	3	8	4	1	6
7	2	1	6	8	5	3	9	4
9	3	6	4	1	2	8	7	5
5	4	8	7	9	3	2	6	1

111

6	9	4	5	2	8	1	7	3
2	3	5	9	1	7	8	6	4
8	1	7	3	6	4	9	2	5
7	2	3	4	8	9	5	1	6
5	6	9	1	3	2	7	4	8
4	8	1	6	7	5	3	9	2
1	5	6	7	4	3	2	8	9
9	7	2	8	5	6	4	3	1
3	4	8	2	9	1	6	5	7

112

3	8	7	2	6	4	1	9	5
9	2	6	5	1	8	7	4	3
1	4	5	9	3	7	8	2	6
8	9	3	1	4	6	5	7	2
6	7	4	8	5	2	3	1	9
2	5	1	3	7	9	6	8	4
7	6	8	4	9	5	2	3	1
4	3	2	6	8	1	9	5	7
5	1	9	7	2	3	4	6	8

113

6	5	9	8	7	2	3	1	4
4	7	1	9	3	5	2	8	6
3	2	8	6	4	1	9	7	5
9	4	3	7	1	6	8	5	2
8	1	7	5	2	3	6	4	9
5	6	2	4	8	9	1	3	7
7	8	6	3	9	4	5	2	1
2	3	5	1	6	7	4	9	8
1	9	4	2	5	8	7	6	3

114

5	3	1	6	2	8	9	7	4
8	4	9	1	7	3	6	5	2
6	7	2	9	4	5	8	3	1
4	5	7	8	9	2	1	6	3
2	8	3	4	6	1	7	9	5
9	1	6	5	3	7	2	4	8
7	2	5	3	8	6	4	1	9
3	6	4	2	1	9	5	8	7
1	9	8	7	5	4	3	2	6

115

5	7	3	1	9	6	4	8	2
2	4	9	7	8	3	1	5	6
8	6	1	2	4	5	3	7	9
6	1	5	9	3	7	2	4	8
9	3	7	4	2	8	5	6	1
4	8	2	5	6	1	9	3	7
1	2	6	3	7	4	8	9	5
7	9	4	8	5	2	6	1	3
3	5	8	6	1	9	7	2	4

116

5	6	1	4	9	8	7	3	2
8	9	2	3	5	7	4	1	6
7	4	3	1	2	6	9	8	5
9	3	8	7	4	5	2	6	1
6	1	4	2	3	9	5	7	8
2	5	7	8	6	1	3	4	9
1	2	6	9	7	3	8	5	4
4	7	5	6	8	2	1	9	3
3	8	9	5	1	4	6	2	7

117

7	4	9	3	8	6	5	2	1
2	3	1	7	5	4	6	8	9
5	6	8	9	2	1	4	3	7
6	9	7	1	4	3	2	5	8
3	8	2	5	9	7	1	4	6
4	1	5	2	6	8	9	7	3
8	5	3	4	1	9	7	6	2
1	2	6	8	7	5	3	9	4
9	7	4	6	3	2	8	1	5

118

2	6	7	8	3	5	9	4	1
9	1	8	4	7	6	2	3	5
3	4	5	1	9	2	8	6	7
1	3	9	6	5	4	7	8	2
6	7	2	3	8	1	5	9	4
8	5	4	9	2	7	6	1	3
5	8	1	2	6	3	4	7	9
4	2	6	7	1	9	3	5	8
7	9	3	5	4	8	1	2	6

119

7	5	4	1	6	8	2	3	9
1	6	2	3	5	9	4	7	8
9	3	8	7	2	4	1	6	5
6	8	5	2	4	3	7	9	1
3	9	7	6	8	1	5	2	4
2	4	1	9	7	5	3	8	6
5	7	3	4	9	6	8	1	2
8	2	6	5	1	7	9	4	3
4	1	9	8	3	2	6	5	7

120

3	7	5	1	8	4	9	2	6
2	4	6	9	5	7	8	1	3
8	9	1	6	2	3	4	5	7
7	3	4	5	9	8	2	6	1
6	5	9	2	4	1	3	7	8
1	8	2	3	7	6	5	4	9
4	6	3	8	1	2	7	9	5
5	1	7	4	3	9	6	8	2
9	2	8	7	6	5	1	3	4

7	9	5	2	1	3	4	6	8
3	6	8	4	7	5	1	9	2
4	2	1	6	9	8	7	3	5
5	4	2	7	8	6	9	1	3
1	8	3	9	5	4	6	2	7
6	7	9	3	2	1	8	5	4
2	1	7	5	4	9	3	8	6
8	3	4	1	6	2	5	7	9
9	5	6	8	3	7	2	4	1

121

6	8	2	5	7	9	3	4	1
3	7	4	1	2	8	6	5	9
5	1	9	4	3	6	7	2	8
4	3	1	8	6	5	2	9	7
8	9	7	2	1	4	5	3	6
2	6	5	3	9	7	1	8	4
9	2	3	7	8	1	4	6	5
1	5	8	6	4	2	9	7	3
7	4	6	9	5	3	8	1	2

122

6	9	2	4	1	7	5	8	3
8	5	1	3	9	2	7	6	4
3	4	7	6	8	5	9	2	1
1	8	6	7	2	4	3	9	5
5	2	4	9	3	8	6	1	7
7	3	9	1	5	6	2	4	8
9	7	3	2	4	1	8	5	6
4	6	5	8	7	9	1	3	2
2	1	8	5	6	3	4	7	9

123

2	1	3	4	6	5	8	9	7
7	9	4	3	1	8	2	6	5
5	6	8	2	9	7	4	1	3
4	2	6	7	8	9	3	5	1
1	8	7	5	3	6	9	2	4
3	5	9	1	2	4	6	7	8
9	7	5	6	4	3	1	8	2
6	4	1	8	5	2	7	3	9
8	3	2	9	7	1	5	4	6

124

7	1	6	2	8	3	5	4	9
2	9	4	7	6	5	1	3	8
3	5	8	1	4	9	7	6	2
6	3	1	5	2	8	9	7	4
4	7	9	3	1	6	8	2	5
5	8	2	9	7	4	6	1	3
8	2	7	4	9	1	3	5	6
1	6	5	8	3	2	4	9	7
9	4	3	6	5	7	2	8	1

125

7	8	2	6	5	9	4	1	3
3	6	9	4	1	7	5	2	8
4	1	5	2	8	3	7	6	9
8	3	4	1	9	2	6	7	5
9	2	1	5	7	6	8	3	4
5	7	6	8	3	4	1	9	2
6	5	8	3	2	1	9	4	7
2	4	7	9	6	5	3	8	1
1	9	3	7	4	8	2	5	6

126

9	4	6	8	2	3	5	1	7
3	1	7	6	5	4	9	8	2
2	8	5	9	7	1	3	4	6
8	3	1	2	4	5	7	6	9
7	5	4	3	9	6	1	2	8
6	9	2	1	8	7	4	3	5
4	6	8	7	1	9	2	5	3
1	7	3	5	6	2	8	9	4
5	2	9	4	3	8	6	7	1

127

8	4	3	2	9	5	1	7	6
7	2	5	6	8	1	4	9	3
1	9	6	3	4	7	5	2	8
9	1	4	7	6	2	8	3	5
3	7	2	8	5	4	6	1	9
5	6	8	1	3	9	7	4	2
2	5	9	4	7	8	3	6	1
6	8	7	9	1	3	2	5	4
4	3	1	5	2	6	9	8	7

128

6	4	1	2	7	9	3	5	8
2	9	8	3	6	5	1	4	7
3	5	7	1	8	4	2	9	6
7	1	4	9	5	3	8	6	2
8	3	5	6	2	1	4	7	9
9	6	2	8	4	7	5	3	1
1	2	3	5	9	6	7	8	4
5	7	6	4	1	8	9	2	3
4	8	9	7	3	2	6	1	5

129

2	5	3	1	7	4	8	6	9
8	4	9	2	5	6	7	3	1
1	6	7	3	9	8	5	4	2
6	1	4	8	3	5	2	9	7
5	3	2	9	6	7	1	8	4
7	9	8	4	1	2	3	5	6
3	7	1	6	8	9	4	2	5
4	8	6	5	2	1	9	7	3
9	2	5	7	4	3	6	1	8

130

4	3	9	2	6	8	1	5	7
6	1	2	4	5	7	9	3	8
5	8	7	3	9	1	6	2	4
9	5	8	6	1	3	4	7	2
3	7	6	5	4	2	8	1	9
2	4	1	7	8	9	3	6	5
7	9	5	8	3	6	2	4	1
1	6	4	9	2	5	7	8	3
8	2	3	1	7	4	5	9	6

131

9	3	7	4	2	5	6	8	1
5	1	6	7	3	8	4	2	9
8	4	2	6	9	1	3	5	7
4	5	9	3	8	6	7	1	2
2	7	8	5	1	4	9	6	3
3	6	1	9	7	2	8	4	5
7	8	5	1	4	3	2	9	6
1	2	3	8	6	9	5	7	4
6	9	4	2	5	7	1	3	8

132

5	8	3	2	4	9	6	1	7
4	9	6	3	7	1	8	2	5
1	2	7	8	6	5	9	4	3
3	7	1	6	2	8	4	5	9
2	4	8	9	5	7	1	3	6
6	5	9	4	1	3	7	8	2
7	6	2	5	8	4	3	9	1
9	1	4	7	3	2	5	6	8
8	3	5	1	9	6	2	7	4

133

9	1	8	6	5	7	2	4	3
2	7	3	1	8	4	6	5	9
5	6	4	2	9	3	8	1	7
3	5	7	9	1	6	4	2	8
8	2	9	4	7	5	3	6	1
6	4	1	8	3	2	7	9	5
7	3	6	5	2	1	9	8	4
1	8	2	7	4	9	5	3	6
4	9	5	3	6	8	1	7	2

134

1	3	6	7	2	5	9	8	4
5	2	8	9	3	4	6	1	7
4	7	9	8	6	1	5	2	3
3	5	2	6	4	9	8	7	1
6	8	4	2	1	7	3	5	9
7	9	1	3	5	8	2	4	6
8	6	3	1	7	2	4	9	5
2	4	7	5	9	6	1	3	8
9	1	5	4	8	3	7	6	2

135

136

7	4	2	3	8	6	5	1	9
8	5	3	1	7	9	2	6	4
6	1	9	5	2	4	3	7	8
3	2	7	4	9	1	8	5	6
1	9	8	2	6	5	4	3	7
4	6	5	8	3	7	9	2	1
5	3	4	6	1	8	7	9	2
2	7	1	9	4	3	6	8	5
9	8	6	7	5	2	1	4	3

137

3	8	5	7	1	6	2	9	4
4	6	1	5	2	9	3	7	8
2	9	7	3	8	4	1	5	6
6	4	2	9	3	7	5	8	1
8	5	9	1	4	2	7	6	3
1	7	3	6	5	8	4	2	9
7	3	8	4	6	5	9	1	2
9	2	4	8	7	1	6	3	5
5	1	6	2	9	3	8	4	7

138

6	1	5	2	3	4	9	8	7
3	8	4	7	6	9	1	2	5
2	9	7	1	8	5	6	4	3
7	2	3	5	4	1	8	9	6
8	6	1	3	9	7	2	5	4
4	5	9	6	2	8	3	7	1
1	3	8	4	7	2	5	6	9
9	7	6	8	5	3	4	1	2
5	4	2	9	1	6	7	3	8

139

8	3	5	4	2	7	9	6	1
9	7	1	6	5	3	4	2	8
2	4	6	9	1	8	3	5	7
1	9	4	5	7	6	8	3	2
5	8	7	1	3	2	6	4	9
3	6	2	8	4	9	1	7	5
7	5	8	3	9	4	2	1	6
6	2	3	7	8	1	5	9	4
4	1	9	2	6	5	7	8	3

140

7	5	3	6	1	4	8	2	9
1	9	8	3	5	2	7	4	6
6	2	4	8	7	9	3	5	1
8	7	6	5	9	3	2	1	4
4	3	9	1	2	6	5	7	8
2	1	5	7	4	8	9	6	3
9	8	7	4	6	5	1	3	2
5	6	2	9	3	1	4	8	7
3	4	1	2	8	7	6	9	5

141

3	8	7	9	2	5	1	4	6
5	6	4	8	3	1	9	7	2
9	2	1	7	6	4	5	8	3
7	3	9	6	1	8	4	2	5
2	4	8	5	7	3	6	1	9
6	1	5	4	9	2	7	3	8
8	9	6	2	4	7	3	5	1
1	7	2	3	5	9	8	6	4
4	5	3	1	8	6	2	9	7

142

9	2	1	6	5	8	3	7	4
7	8	5	4	9	3	1	6	2
4	6	3	1	7	2	5	8	9
1	9	4	3	6	5	8	2	7
8	5	7	2	1	9	4	3	6
6	3	2	7	8	4	9	1	5
2	4	8	9	3	6	7	5	1
3	7	9	5	2	1	6	4	8
5	1	6	8	4	7	2	9	3

143

3	2	6	7	9	4	1	8	5
8	5	1	3	2	6	9	4	7
7	4	9	5	8	1	6	2	3
6	9	8	2	1	7	5	3	4
5	7	4	8	6	3	2	1	9
1	3	2	4	5	9	7	6	8
4	1	5	6	7	8	3	9	2
2	6	3	9	4	5	8	7	1
9	8	7	1	3	2	4	5	6

144

3	8	1	2	9	4	7	6	5
4	9	5	7	6	1	8	2	3
6	7	2	3	8	5	9	1	4
1	3	8	9	5	7	6	4	2
2	4	7	6	1	8	5	3	9
9	5	6	4	2	3	1	8	7
5	1	9	8	4	2	3	7	6
8	2	3	5	7	6	4	9	1
7	6	4	1	3	9	2	5	8

145

9	2	3	7	8	6	4	1	5
4	6	1	5	9	2	8	3	7
5	8	7	1	3	4	9	2	6
3	9	8	2	1	7	6	5	4
1	5	4	8	6	3	2	7	9
2	7	6	9	4	5	1	8	3
6	4	2	3	7	8	5	9	1
7	1	5	4	2	9	3	6	8
8	3	9	6	5	1	7	4	2

146

2	3	9	5	4	8	6	7	1
8	5	1	6	9	7	3	4	2
4	7	6	2	1	3	8	9	5
3	8	7	9	5	4	1	2	6
9	6	2	8	3	1	4	5	7
1	4	5	7	6	2	9	8	3
5	9	4	3	2	6	7	1	8
7	1	3	4	8	5	2	6	9
6	2	8	1	7	9	5	3	4

147

6	5	1	3	2	8	4	9	7
8	4	2	1	9	7	5	3	6
3	7	9	4	6	5	2	1	8
2	3	6	8	4	9	7	5	1
9	8	7	5	1	6	3	2	4
4	1	5	7	3	2	6	8	9
1	2	4	6	8	3	9	7	5
7	6	3	9	5	1	8	4	2
5	9	8	2	7	4	1	6	3

148

2	9	4	3	8	7	1	5	6
1	6	8	9	5	4	7	2	3
3	7	5	6	2	1	9	4	8
5	1	3	2	4	6	8	7	9
4	8	9	1	7	3	2	6	5
7	2	6	5	9	8	4	3	1
9	4	7	8	3	5	6	1	2
8	3	1	4	6	2	5	9	7
6	5	2	7	1	9	3	8	4

149

6	1	5	9	4	7	8	3	2
8	2	7	3	5	1	9	4	6
3	4	9	2	8	6	7	5	1
9	7	8	6	3	5	1	2	4
4	3	6	1	9	2	5	8	7
1	5	2	8	7	4	6	9	3
5	9	1	4	6	3	2	7	8
7	6	4	5	2	8	3	1	9
2	8	3	7	1	9	4	6	5

150

3	4	1	5	2	6	7	8	9
5	9	8	1	4	7	2	6	3
2	7	6	8	9	3	5	1	4
4	2	9	7	6	1	8	3	5
1	8	7	2	3	5	4	9	6
6	3	5	4	8	9	1	7	2
8	6	2	3	7	4	9	5	1
7	1	3	9	5	2	6	4	8
9	5	4	6	1	8	3	2	7

151

5	9	8	6	2	7	1	4	3
3	4	6	1	8	9	2	7	5
2	1	7	3	4	5	8	9	6
7	8	1	9	5	3	4	6	2
9	2	5	4	6	1	7	3	8
4	6	3	2	7	8	9	5	1
8	5	4	7	1	6	3	2	9
1	3	2	5	9	4	6	8	7
6	7	9	8	3	2	5	1	4

152

9	5	1	6	2	7	8	4	3
4	8	2	5	3	1	7	6	9
7	3	6	4	9	8	1	2	5
3	2	5	7	1	6	9	8	4
6	4	7	8	5	9	3	1	2
1	9	8	2	4	3	5	7	6
5	7	9	1	6	4	2	3	8
8	6	3	9	7	2	4	5	1
2	1	4	3	8	5	6	9	7

153

3	8	6	4	2	9	5	7	1
2	9	5	8	7	1	4	3	6
1	4	7	5	6	3	8	2	9
7	3	4	2	5	6	9	1	8
6	5	1	9	3	8	2	4	7
8	2	9	1	4	7	3	6	5
9	6	3	7	8	2	1	5	4
5	1	2	6	9	4	7	8	3
4	7	8	3	1	5	6	9	2

154

3	6	1	9	5	2	8	7	4
4	9	8	1	6	7	2	5	3
2	7	5	8	4	3	9	1	6
5	1	9	7	3	4	6	8	2
8	2	6	5	1	9	3	4	7
7	4	3	2	8	6	1	9	5
6	3	7	4	9	1	5	2	8
1	5	4	3	2	8	7	6	9
9	8	2	6	7	5	4	3	1

155

2	8	5	7	9	6	4	1	3
6	4	7	3	8	1	5	2	9
3	9	1	5	4	2	8	6	7
4	5	8	6	3	7	1	9	2
7	1	3	9	2	5	6	4	8
9	6	2	4	1	8	7	3	5
8	3	6	1	7	9	2	5	4
1	7	9	2	5	4	3	8	6
5	2	4	8	6	3	9	7	1

156

2	1	4	8	7	9	3	6	5
3	9	5	2	6	1	8	4	7
8	6	7	3	4	5	9	1	2
5	4	8	7	2	3	1	9	6
1	7	2	9	8	6	5	3	4
9	3	6	1	5	4	7	2	8
4	5	1	6	3	7	2	8	9
7	2	9	4	1	8	6	5	3
6	8	3	5	9	2	4	7	1

157

3	1	4	6	2	7	5	9	8
5	2	6	9	1	8	3	7	4
9	8	7	3	5	4	6	2	1
6	4	2	8	7	1	9	5	3
8	7	3	5	9	6	1	4	2
1	9	5	4	3	2	7	8	6
2	6	9	1	4	5	8	3	7
4	3	1	7	8	9	2	6	5
7	5	8	2	6	3	4	1	9

158

9	7	5	1	4	2	8	3	6
8	1	3	5	6	9	4	2	7
6	2	4	7	3	8	9	1	5
7	4	9	8	5	3	2	6	1
1	5	6	4	2	7	3	8	9
3	8	2	6	9	1	5	7	4
2	3	7	9	1	5	6	4	8
4	9	8	2	7	6	1	5	3
5	6	1	3	8	4	7	9	2

159

1	6	9	3	5	8	7	2	4
4	3	8	7	2	9	5	1	6
7	2	5	1	4	6	9	3	8
6	4	3	9	1	7	8	5	2
8	1	2	5	6	3	4	7	9
5	9	7	2	8	4	3	6	1
9	7	6	4	3	2	1	8	5
2	5	4	8	7	1	6	9	3
3	8	1	6	9	5	2	4	7

160

3	4	1	7	9	2	5	8	6
6	7	2	8	5	1	4	3	9
8	9	5	3	6	4	2	7	1
2	8	7	5	1	3	9	6	4
1	6	3	2	4	9	7	5	8
9	5	4	6	8	7	1	2	3
7	1	8	4	2	6	3	9	5
4	2	6	9	3	5	8	1	7
5	3	9	1	7	8	6	4	2

161

9	6	3	4	8	7	2	5	1
1	8	4	5	3	2	9	7	6
7	2	5	9	6	1	3	4	8
5	3	2	6	7	9	8	1	4
8	4	1	3	2	5	6	9	7
6	9	7	8	1	4	5	2	3
2	5	6	7	4	8	1	3	9
4	1	8	2	9	3	7	6	5
3	7	9	1	5	6	4	8	2

162

7	8	2	1	4	5	9	6	3
3	4	1	2	6	9	7	5	8
5	6	9	7	8	3	2	1	4
4	9	7	5	3	6	1	8	2
8	2	3	9	7	1	6	4	5
1	5	6	4	2	8	3	7	9
6	1	5	8	9	2	4	3	7
2	7	8	3	1	4	5	9	6
9	3	4	6	5	7	8	2	1

163

5	4	3	7	8	1	6	2	9
7	2	6	3	4	9	8	5	1
1	8	9	6	2	5	3	4	7
3	9	1	2	6	8	5	7	4
8	6	7	5	1	4	9	3	2
4	5	2	9	3	7	1	8	6
2	1	5	4	9	3	7	6	8
9	7	4	8	5	6	2	1	3
6	3	8	1	7	2	4	9	5

164

3	9	4	2	1	7	5	8	6
6	1	8	5	9	3	7	4	2
7	2	5	6	8	4	1	9	3
9	4	2	1	3	6	8	5	7
1	5	6	9	7	8	3	2	4
8	3	7	4	5	2	6	1	9
5	7	9	3	4	1	2	6	8
2	8	1	7	6	9	4	3	5
4	6	3	8	2	5	9	7	1

165

7	3	6	8	2	5	4	9	1
2	1	4	3	9	7	6	5	8
8	9	5	4	1	6	2	7	3
5	2	9	6	3	4	8	1	7
6	8	7	2	5	1	3	4	9
3	4	1	7	8	9	5	6	2
9	5	3	1	4	8	7	2	6
1	6	2	5	7	3	9	8	4
4	7	8	9	6	2	1	3	5

166

1	6	2	9	4	5	7	3	8
9	3	8	1	2	7	6	4	5
7	4	5	3	8	6	2	1	9
6	8	3	4	9	1	5	2	7
5	2	1	7	6	8	4	9	3
4	9	7	5	3	2	8	6	1
2	5	6	8	1	3	9	7	4
8	1	9	6	7	4	3	5	2
3	7	4	2	5	9	1	8	6

167

1	6	4	2	9	8	7	5	3
8	7	2	6	3	5	4	9	1
5	9	3	1	4	7	6	2	8
7	3	6	9	8	2	1	4	5
4	8	9	3	5	1	2	6	7
2	5	1	4	7	6	3	8	9
6	1	5	7	2	9	8	3	4
9	4	7	8	6	3	5	1	2
3	2	8	5	1	4	9	7	6

168

7	1	2	3	9	4	8	6	5
8	3	9	6	1	5	7	4	2
4	6	5	2	8	7	1	9	3
5	2	4	7	6	9	3	8	1
3	8	1	5	4	2	9	7	6
9	7	6	8	3	1	2	5	4
6	5	7	1	2	8	4	3	9
1	9	8	4	5	3	6	2	7
2	4	3	9	7	6	5	1	8

169

8	6	9	4	7	5	2	3	1
5	1	3	2	6	9	4	8	7
7	2	4	3	8	1	5	9	6
4	9	2	1	3	8	6	7	5
1	3	5	7	4	6	9	2	8
6	8	7	9	5	2	3	1	4
9	4	8	5	1	3	7	6	2
2	5	1	6	9	7	8	4	3
3	7	6	8	2	4	1	5	9

170

5	7	1	8	4	3	6	2	9
6	4	8	2	9	7	3	5	1
9	2	3	1	5	6	8	7	4
3	6	2	9	7	4	1	8	5
4	1	9	5	2	8	7	6	3
7	8	5	6	3	1	9	4	2
1	3	4	7	6	5	2	9	8
2	5	6	3	8	9	4	1	7
8	9	7	4	1	2	5	3	6

171

3	8	7	5	9	4	1	2	6
1	5	2	3	8	6	7	4	9
9	6	4	2	7	1	5	3	8
4	9	3	8	1	5	2	6	7
6	7	5	4	2	3	9	8	1
2	1	8	9	6	7	4	5	3
7	3	9	6	5	2	8	1	4
8	2	6	1	4	9	3	7	5
5	4	1	7	3	8	6	9	2

172

7	1	4	8	5	6	3	9	2
3	5	2	1	7	9	6	8	4
6	8	9	3	4	2	5	1	7
8	6	3	2	1	4	7	5	9
2	4	5	9	3	7	8	6	1
9	7	1	6	8	5	4	2	3
1	2	7	4	6	8	9	3	5
4	9	6	5	2	3	1	7	8
5	3	8	7	9	1	2	4	6

173

3	7	8	1	4	2	6	9	5
4	6	5	9	8	3	2	7	1
1	9	2	7	5	6	3	8	4
9	8	6	4	3	1	7	5	2
7	4	3	6	2	5	9	1	8
5	2	1	8	7	9	4	6	3
2	5	7	3	9	8	1	4	6
8	1	9	2	6	4	5	3	7
6	3	4	5	1	7	8	2	9

174

3	2	9	5	6	1	4	8	7
6	8	4	2	7	9	1	5	3
5	7	1	8	3	4	2	9	6
1	4	5	3	8	7	6	2	9
7	9	6	4	1	2	5	3	8
8	3	2	9	5	6	7	4	1
2	6	3	7	9	5	8	1	4
9	5	7	1	4	8	3	6	2
4	1	8	6	2	3	9	7	5

175

6	5	3	7	1	2	4	9	8
1	2	7	4	8	9	5	6	3
4	8	9	5	6	3	1	7	2
2	7	1	6	3	5	8	4	9
8	9	4	2	7	1	6	3	5
3	6	5	8	9	4	2	1	7
5	1	6	9	2	7	3	8	4
9	4	8	3	5	6	7	2	1
7	3	2	1	4	8	9	5	6

176

1	2	3	4	6	9	7	8	5
8	4	6	7	2	5	1	3	9
5	9	7	8	1	3	6	2	4
6	1	2	9	4	7	3	5	8
3	7	4	6	5	8	9	1	2
9	8	5	2	3	1	4	6	7
4	6	8	1	9	2	5	7	3
7	5	9	3	8	6	2	4	1
2	3	1	5	7	4	8	9	6

177

9	1	7	2	5	8	4	6	3
5	4	3	7	6	9	2	1	8
6	8	2	1	3	4	7	5	9
2	6	8	3	9	5	1	4	7
7	3	4	6	2	1	8	9	5
1	5	9	4	8	7	6	3	2
4	9	5	8	7	6	3	2	1
3	7	6	9	1	2	5	8	4
8	2	1	5	4	3	9	7	6

178

6	3	1	7	9	5	2	8	4
8	5	2	4	1	6	3	7	9
7	9	4	2	3	8	6	1	5
4	8	9	3	7	2	1	5	6
2	1	7	6	5	4	9	3	8
5	6	3	1	8	9	7	4	2
3	4	8	9	6	7	5	2	1
9	7	5	8	2	1	4	6	3
1	2	6	5	4	3	8	9	7

179

4	2	8	6	1	9	3	7	5
3	1	9	7	5	2	6	4	8
6	5	7	3	4	8	2	9	1
1	4	6	2	8	5	7	3	9
2	7	5	9	3	6	1	8	4
9	8	3	4	7	1	5	6	2
8	6	2	1	9	7	4	5	3
5	3	1	8	6	4	9	2	7
7	9	4	5	2	3	8	1	6

180

5	8	4	2	7	1	9	3	6
3	6	7	9	8	4	1	2	5
9	2	1	5	6	3	7	4	8
2	1	9	4	5	8	3	6	7
8	5	6	7	3	9	2	1	4
4	7	3	1	2	6	8	5	9
1	3	8	6	9	5	4	7	2
7	9	5	3	4	2	6	8	1
6	4	2	8	1	7	5	9	3

181

3	1	6	8	2	7	4	5	9
7	4	9	5	3	6	8	2	1
8	2	5	9	4	1	7	6	3
6	3	2	7	9	8	5	1	4
5	8	7	4	1	2	3	9	6
1	9	4	6	5	3	2	8	7
2	7	8	3	6	9	1	4	5
9	5	3	1	8	4	6	7	2
4	6	1	2	7	5	9	3	8

182

2	8	3	7	9	1	5	4	6
5	9	1	6	3	4	8	2	7
7	6	4	5	2	8	3	9	1
1	5	2	4	8	6	9	7	3
4	3	6	9	5	7	2	1	8
9	7	8	3	1	2	4	6	5
6	1	5	2	4	3	7	8	9
8	2	9	1	7	5	6	3	4
3	4	7	8	6	9	1	5	2

183

8	5	4	9	7	3	6	1	2
9	6	2	4	5	1	8	3	7
7	1	3	8	6	2	9	4	5
5	7	6	1	9	4	3	2	8
2	8	9	7	3	6	1	5	4
4	3	1	5	2	8	7	6	9
6	9	7	2	1	5	4	8	3
3	2	8	6	4	7	5	9	1
1	4	5	3	8	9	2	7	6

184

3	6	2	1	7	4	9	5	8
4	7	9	5	6	8	2	1	3
8	5	1	3	9	2	7	6	4
1	3	8	6	5	7	4	2	9
2	9	7	4	8	1	5	3	6
6	4	5	9	2	3	1	8	7
7	2	4	8	1	6	3	9	5
9	1	6	7	3	5	8	4	2
5	8	3	2	4	9	6	7	1

185

5	7	3	2	8	4	1	9	6
1	8	9	5	6	7	3	2	4
4	2	6	3	1	9	8	5	7
3	9	7	4	2	8	5	6	1
8	1	5	9	7	6	2	4	3
6	4	2	1	3	5	7	8	9
2	3	8	6	4	1	9	7	5
7	5	4	8	9	3	6	1	2
9	6	1	7	5	2	4	3	8

186

6	5	2	4	7	1	8	9	3
3	9	7	6	2	8	4	1	5
8	1	4	5	9	3	2	6	7
2	4	8	7	3	9	6	5	1
9	6	5	2	1	4	3	7	8
7	3	1	8	5	6	9	2	4
5	7	6	3	8	2	1	4	9
1	2	3	9	4	5	7	8	6
4	8	9	1	6	7	5	3	2

187

8	9	4	3	1	5	7	6	2
3	6	2	7	9	4	5	1	8
1	7	5	8	6	2	9	3	4
9	5	3	6	4	1	2	8	7
7	4	8	2	3	9	6	5	1
6	2	1	5	8	7	4	9	3
5	1	6	4	7	8	3	2	9
4	3	9	1	2	6	8	7	5
2	8	7	9	5	3	1	4	6

188

1	9	2	6	3	5	7	4	8
7	5	3	4	8	9	6	2	1
8	6	4	1	2	7	5	3	9
9	8	1	7	4	6	3	5	2
4	2	6	3	5	8	1	9	7
3	7	5	2	9	1	4	8	6
6	3	8	5	1	2	9	7	4
5	1	9	8	7	4	2	6	3
2	4	7	9	6	3	8	1	5

189

3	9	8	5	4	1	2	7	6
7	6	4	3	9	2	8	1	5
2	5	1	8	6	7	9	4	3
1	8	2	7	5	3	6	9	4
5	4	6	1	8	9	7	3	2
9	7	3	6	2	4	5	8	1
6	1	5	9	3	8	4	2	7
4	3	9	2	7	5	1	6	8
8	2	7	4	1	6	3	5	9

190

6	1	9	8	5	2	4	7	3
8	5	4	3	9	7	1	2	6
3	2	7	1	6	4	5	9	8
2	6	5	4	7	3	8	1	9
4	9	1	2	8	5	3	6	7
7	8	3	6	1	9	2	5	4
1	7	6	5	3	8	9	4	2
5	3	2	9	4	6	7	8	1
9	4	8	7	2	1	6	3	5

191

9	6	3	2	7	1	5	8	4
2	8	4	3	6	5	7	9	1
5	1	7	4	9	8	3	6	2
4	2	5	6	8	7	9	1	3
7	3	8	9	1	2	6	4	5
1	9	6	5	3	4	8	2	7
8	5	2	7	4	9	1	3	6
6	7	9	1	2	3	4	5	8
3	4	1	8	5	6	2	7	9

192

3	1	4	7	2	9	6	5	8
6	5	7	3	4	8	2	9	1
2	8	9	5	1	6	7	4	3
4	2	6	9	3	5	8	1	7
7	9	1	4	8	2	5	3	6
8	3	5	1	6	7	9	2	4
5	4	8	2	7	3	1	6	9
9	6	3	8	5	1	4	7	2
1	7	2	6	9	4	3	8	5

193

9	7	5	2	4	1	6	3	8
8	6	2	3	9	5	7	4	1
3	1	4	7	8	6	2	5	9
6	2	8	1	7	4	5	9	3
5	9	7	6	3	8	1	2	4
1	4	3	9	5	2	8	7	6
2	8	9	4	6	7	3	1	5
7	3	6	5	1	9	4	8	2
4	5	1	8	2	3	9	6	7

194

2	5	7	4	9	1	8	6	3
6	8	1	7	2	3	4	9	5
9	4	3	6	8	5	2	1	7
8	7	5	9	4	6	3	2	1
3	1	6	5	7	2	9	8	4
4	9	2	1	3	8	7	5	6
1	3	8	2	5	7	6	4	9
7	6	9	8	1	4	5	3	2
5	2	4	3	6	9	1	7	8

195

1	2	8	4	9	3	5	6	7
9	5	3	2	6	7	8	4	1
7	4	6	5	1	8	3	2	9
6	7	1	8	2	9	4	5	3
3	9	5	1	4	6	2	7	8
4	8	2	7	3	5	1	9	6
5	1	9	3	7	2	6	8	4
8	6	4	9	5	1	7	3	2
2	3	7	6	8	4	9	1	5

196

3	9	5	6	7	1	2	4	8
2	7	8	9	4	5	3	1	6
6	4	1	8	3	2	9	5	7
7	1	6	4	9	3	8	2	5
4	8	3	5	2	6	7	9	1
9	5	2	1	8	7	4	6	3
8	6	9	7	5	4	1	3	2
5	2	7	3	1	9	6	8	4
1	3	4	2	6	8	5	7	9

197

3	5	7	6	8	2	1	9	4
8	9	4	1	7	5	6	3	2
1	2	6	4	9	3	5	7	8
6	3	8	5	1	9	4	2	7
7	1	2	3	4	8	9	6	5
9	4	5	7	2	6	3	8	1
4	7	3	8	6	1	2	5	9
2	6	1	9	5	7	8	4	3
5	8	9	2	3	4	7	1	6

198

2	6	1	8	9	7	5	3	4
7	3	4	2	5	1	9	6	8
9	5	8	6	4	3	1	7	2
1	2	5	4	6	8	7	9	3
6	8	7	9	3	5	2	4	1
4	9	3	1	7	2	8	5	6
3	1	9	7	8	6	4	2	5
8	7	6	5	2	4	3	1	9
5	4	2	3	1	9	6	8	7

199

7	2	3	8	9	1	5	6	4
8	4	9	5	7	6	1	2	3
6	5	1	2	4	3	7	9	8
5	3	8	4	6	7	2	1	9
2	6	4	9	1	5	3	8	7
1	9	7	3	8	2	4	5	6
9	8	2	1	3	4	6	7	5
3	7	5	6	2	8	9	4	1
4	1	6	7	5	9	8	3	2

200

9	4	7	8	3	5	1	2	6
6	5	1	7	2	9	8	4	3
3	2	8	1	4	6	7	9	5
8	7	9	4	6	3	2	5	1
5	3	2	9	1	7	6	8	4
1	6	4	2	5	8	3	7	9
4	9	6	3	7	2	5	1	8
7	1	5	6	8	4	9	3	2
2	8	3	5	9	1	4	6	7

201

8	2	6	3	5	1	9	7	4
7	1	3	8	4	9	5	6	2
5	9	4	2	7	6	3	8	1
3	8	7	4	9	5	2	1	6
6	5	2	1	3	8	4	9	7
1	4	9	6	2	7	8	3	5
4	6	5	7	8	3	1	2	9
2	3	1	9	6	4	7	5	8
9	7	8	5	1	2	6	4	3

202

8	1	4	3	9	7	2	6	5
6	3	7	2	1	5	8	4	9
9	5	2	4	8	6	7	1	3
1	4	9	8	6	2	5	3	7
2	7	8	5	4	3	1	9	6
3	6	5	9	7	1	4	8	2
7	8	6	1	5	9	3	2	4
4	9	3	7	2	8	6	5	1
5	2	1	6	3	4	9	7	8

203

3	2	5	4	6	8	9	7	1
4	7	1	9	2	3	8	6	5
9	8	6	5	1	7	2	4	3
6	3	9	2	4	1	7	5	8
5	1	7	8	3	9	4	2	6
8	4	2	6	7	5	3	1	9
1	6	3	7	8	2	5	9	4
2	5	4	3	9	6	1	8	7
7	9	8	1	5	4	6	3	2

204

9	5	6	4	3	1	8	7	2
7	2	3	8	9	5	6	4	1
4	1	8	7	6	2	9	5	3
3	9	7	5	8	4	2	1	6
8	4	2	9	1	6	5	3	7
5	6	1	3	2	7	4	8	9
1	8	9	2	4	3	7	6	5
6	7	4	1	5	9	3	2	8
2	3	5	6	7	8	1	9	4

205

2	4	9	1	3	6	8	5	7
5	6	1	8	9	7	3	4	2
3	8	7	2	5	4	6	1	9
7	2	8	5	6	9	1	3	4
9	5	4	3	2	1	7	8	6
1	3	6	4	7	8	2	9	5
4	1	5	6	8	2	9	7	3
6	9	3	7	1	5	4	2	8
8	7	2	9	4	3	5	6	1

206

3	2	7	5	8	9	4	1	6
1	6	9	7	3	4	5	2	8
4	8	5	1	6	2	7	3	9
5	9	3	4	2	1	6	8	7
6	4	2	8	7	5	3	9	1
7	1	8	6	9	3	2	5	4
9	7	6	3	5	8	1	4	2
8	5	4	2	1	6	9	7	3
2	3	1	9	4	7	8	6	5

207

9	1	2	3	6	4	7	8	5
8	3	6	5	7	2	9	4	1
7	4	5	8	9	1	6	3	2
1	2	8	7	3	6	4	5	9
5	9	4	1	2	8	3	6	7
6	7	3	9	4	5	2	1	8
3	5	9	6	8	7	1	2	4
2	6	1	4	5	9	8	7	3
4	8	7	2	1	3	5	9	6

208

9	1	3	7	8	2	6	4	5
2	5	8	1	6	4	9	7	3
7	4	6	5	9	3	8	1	2
8	7	2	4	3	9	1	5	6
5	6	9	2	7	1	4	3	8
1	3	4	6	5	8	2	9	7
6	2	5	9	1	7	3	8	4
3	9	7	8	4	6	5	2	1
4	8	1	3	2	5	7	6	9

209

1	2	9	4	8	5	6	7	3
3	4	6	2	7	9	8	1	5
5	8	7	1	3	6	4	9	2
8	5	1	9	2	3	7	6	4
2	7	4	5	6	8	9	3	1
6	9	3	7	4	1	2	5	8
4	3	2	6	5	7	1	8	9
7	1	8	3	9	4	5	2	6
9	6	5	8	1	2	3	4	7

210

5	2	9	6	3	8	7	1	4
1	7	6	4	5	2	3	8	9
8	3	4	9	7	1	6	2	5
4	8	3	5	2	7	1	9	6
9	6	7	8	1	4	5	3	2
2	1	5	3	9	6	4	7	8
7	9	1	2	4	5	8	6	3
3	4	8	1	6	9	2	5	7
6	5	2	7	8	3	9	4	1

211

3	4	2	7	8	5	6	9	1
8	1	5	4	6	9	7	2	3
9	7	6	1	2	3	8	5	4
6	5	9	8	7	1	3	4	2
1	8	7	3	4	2	5	6	9
2	3	4	5	9	6	1	7	8
4	9	3	6	5	8	2	1	7
5	2	1	9	3	7	4	8	6
7	6	8	2	1	4	9	3	5

212

3	5	1	6	8	9	2	4	7
7	9	6	4	2	1	5	3	8
8	4	2	5	3	7	9	1	6
6	3	5	7	1	4	8	9	2
1	2	7	3	9	8	6	5	4
9	8	4	2	5	6	3	7	1
4	1	3	9	6	2	7	8	5
5	6	8	1	7	3	4	2	9
2	7	9	8	4	5	1	6	3

213

5	8	7	4	1	9	6	3	2
1	6	3	8	2	7	4	5	9
4	9	2	5	6	3	7	8	1
2	7	9	3	5	8	1	4	6
8	5	6	2	4	1	3	9	7
3	4	1	7	9	6	8	2	5
6	1	4	9	8	5	2	7	3
9	3	8	6	7	2	5	1	4
7	2	5	1	3	4	9	6	8

214

8	7	1	9	4	5	3	2	6
2	9	4	7	3	6	8	1	5
6	5	3	8	1	2	7	4	9
5	3	8	4	7	1	6	9	2
9	4	2	5	6	3	1	8	7
1	6	7	2	9	8	4	5	3
4	1	9	3	5	7	2	6	8
7	2	5	6	8	4	9	3	1
3	8	6	1	2	9	5	7	4

215

3	1	5	8	7	9	4	2	6
4	6	2	1	3	5	9	7	8
7	8	9	4	6	2	3	1	5
6	3	1	7	2	8	5	4	9
8	5	4	9	1	3	7	6	2
9	2	7	6	5	4	8	3	1
5	7	3	2	8	6	1	9	4
1	9	6	5	4	7	2	8	3
2	4	8	3	9	1	6	5	7

216

7	1	6	9	5	8	2	3	4
8	3	9	2	4	6	7	1	5
2	4	5	1	3	7	8	6	9
6	5	1	7	8	4	9	2	3
9	8	3	6	2	1	4	5	7
4	7	2	5	9	3	1	8	6
5	6	8	4	1	9	3	7	2
1	2	4	3	7	5	6	9	8
3	9	7	8	6	2	5	4	1

217

3	6	9	2	8	1	5	4	7
7	1	4	5	3	6	8	9	2
8	5	2	9	7	4	6	1	3
6	8	1	7	5	9	3	2	4
4	7	5	1	2	3	9	6	8
2	9	3	4	6	8	7	5	1
1	4	7	3	9	5	2	8	6
9	3	8	6	1	2	4	7	5
5	2	6	8	4	7	1	3	9

218

5	9	4	3	1	8	7	2	6
8	2	6	4	9	7	5	3	1
7	1	3	6	2	5	8	4	9
6	4	7	1	8	9	3	5	2
1	3	8	5	4	2	9	6	7
2	5	9	7	6	3	4	1	8
3	6	1	8	7	4	2	9	5
4	7	2	9	5	6	1	8	3
9	8	5	2	3	1	6	7	4

219

8	2	9	4	6	7	3	1	5
5	1	7	8	3	9	2	6	4
4	3	6	2	5	1	8	9	7
6	9	1	3	7	8	4	5	2
3	4	8	1	2	5	6	7	9
2	7	5	9	4	6	1	3	8
1	5	2	6	9	4	7	8	3
9	6	4	7	8	3	5	2	1
7	8	3	5	1	2	9	4	6

220

7	2	4	9	5	1	8	3	6
3	8	5	7	6	4	9	1	2
1	9	6	2	8	3	5	4	7
9	5	8	3	4	2	6	7	1
4	1	2	8	7	6	3	5	9
6	3	7	1	9	5	2	8	4
8	4	9	6	3	7	1	2	5
2	7	3	5	1	9	4	6	8
5	6	1	4	2	8	7	9	3

221

4	9	6	2	3	5	1	8	7
8	5	2	7	1	4	9	3	6
1	7	3	6	8	9	5	4	2
7	2	1	8	6	3	4	9	5
3	4	9	5	7	1	6	2	8
5	6	8	9	4	2	7	1	3
2	1	7	4	5	8	3	6	9
9	3	5	1	2	6	8	7	4
6	8	4	3	9	7	2	5	1

222

7	5	8	6	9	3	1	4	2
4	3	1	8	2	7	5	6	9
6	9	2	4	5	1	7	8	3
1	8	7	9	3	2	4	5	6
5	2	4	7	1	6	3	9	8
9	6	3	5	4	8	2	1	7
2	1	6	3	8	4	9	7	5
8	4	5	2	7	9	6	3	1
3	7	9	1	6	5	8	2	4

223

4	8	9	2	1	6	5	7	3
5	1	6	7	3	9	2	8	4
7	3	2	8	5	4	1	9	6
1	6	7	5	8	3	9	4	2
8	2	4	9	7	1	3	6	5
9	5	3	6	4	2	8	1	7
2	4	1	3	9	7	6	5	8
6	9	5	4	2	8	7	3	1
3	7	8	1	6	5	4	2	9

224

8	6	3	7	4	5	9	2	1
4	5	1	2	9	3	8	6	7
2	9	7	6	1	8	4	5	3
1	3	4	8	7	6	5	9	2
7	2	6	9	5	1	3	4	8
9	8	5	4	3	2	1	7	6
5	4	8	3	2	7	6	1	9
6	7	9	1	8	4	2	3	5
3	1	2	5	6	9	7	8	4

225

2	1	8	4	7	5	6	3	9
5	4	6	3	8	9	2	1	7
9	7	3	2	1	6	8	5	4
6	5	4	1	9	2	3	7	8
1	9	7	5	3	8	4	6	2
8	3	2	6	4	7	1	9	5
7	2	1	8	5	3	9	4	6
3	8	5	9	6	4	7	2	1
4	6	9	7	2	1	5	8	3

226

1	5	6	4	2	9	7	8	3
4	9	7	1	8	3	6	2	5
2	8	3	6	5	7	4	9	1
6	1	2	5	9	8	3	7	4
7	4	8	3	1	2	9	5	6
5	3	9	7	6	4	8	1	2
9	7	5	2	3	6	1	4	8
8	6	1	9	4	5	2	3	7
3	2	4	8	7	1	5	6	9

227

9	7	4	2	5	8	1	3	6
2	1	5	6	3	4	8	9	7
3	8	6	9	1	7	4	2	5
7	5	2	3	9	1	6	4	8
1	6	3	4	8	5	2	7	9
8	4	9	7	6	2	3	5	1
4	9	7	8	2	6	5	1	3
6	2	1	5	7	3	9	8	4
5	3	8	1	4	9	7	6	2

228

5	1	6	8	4	2	3	7	9
9	2	4	5	7	3	6	1	8
3	8	7	1	9	6	4	5	2
8	3	5	7	1	9	2	4	6
2	6	9	4	3	5	7	8	1
4	7	1	6	2	8	5	9	3
1	5	8	2	6	7	9	3	4
6	4	3	9	5	1	8	2	7
7	9	2	3	8	4	1	6	5

229

1	7	3	6	8	5	9	2	4
8	4	2	7	1	9	3	5	6
9	5	6	3	2	4	7	8	1
3	2	8	9	5	1	4	6	7
4	9	7	8	6	2	5	1	3
5	6	1	4	7	3	2	9	8
6	1	9	2	4	7	8	3	5
2	8	4	5	3	6	1	7	9
7	3	5	1	9	8	6	4	2

230

8	9	1	7	2	6	4	3	5
4	5	7	3	1	9	2	8	6
3	6	2	5	4	8	7	9	1
7	3	8	1	6	5	9	4	2
9	1	5	4	8	2	3	6	7
6	2	4	9	3	7	5	1	8
1	4	6	2	5	3	8	7	9
2	7	3	8	9	1	6	5	4
5	8	9	6	7	4	1	2	3

231

7	2	8	4	1	9	5	3	6
4	6	9	3	7	5	8	2	1
1	5	3	8	6	2	4	9	7
6	7	4	1	2	8	3	5	9
3	1	5	9	4	6	7	8	2
8	9	2	5	3	7	6	1	4
5	8	7	6	9	1	2	4	3
9	3	6	2	5	4	1	7	8
2	4	1	7	8	3	9	6	5

232

4	2	7	3	8	5	6	1	9
1	6	8	7	9	2	4	5	3
9	5	3	4	1	6	8	7	2
2	1	5	6	7	9	3	4	8
3	8	4	2	5	1	7	9	6
7	9	6	8	4	3	5	2	1
6	7	1	9	3	4	2	8	5
8	3	9	5	2	7	1	6	4
5	4	2	1	6	8	9	3	7

233

6	5	4	7	9	8	1	3	2
9	1	3	2	6	5	4	7	8
8	2	7	4	1	3	5	6	9
2	7	1	5	8	4	3	9	6
5	3	9	6	7	1	2	8	4
4	6	8	9	3	2	7	5	1
1	4	6	8	5	7	9	2	3
3	9	5	1	2	6	8	4	7
7	8	2	3	4	9	6	1	5

234

6	5	2	8	4	1	7	3	9
1	4	7	6	3	9	8	5	2
8	3	9	7	5	2	1	4	6
7	8	4	9	1	3	6	2	5
2	9	1	4	6	5	3	8	7
3	6	5	2	7	8	9	1	4
9	1	3	5	2	7	4	6	8
5	7	6	1	8	4	2	9	3
4	2	8	3	9	6	5	7	1

235

9	7	1	8	4	3	5	2	6
6	5	4	7	2	9	8	1	3
8	3	2	1	5	6	7	4	9
7	2	5	3	9	8	4	6	1
3	1	8	6	7	4	2	9	5
4	9	6	2	1	5	3	8	7
5	4	3	9	8	1	6	7	2
2	6	9	4	3	7	1	5	8
1	8	7	5	6	2	9	3	4

236

8	1	9	2	3	6	7	4	5
4	2	6	5	1	7	9	3	8
3	7	5	8	9	4	1	6	2
5	4	8	7	2	9	3	1	6
1	6	2	3	4	5	8	9	7
7	9	3	1	6	8	2	5	4
9	8	7	4	5	1	6	2	3
6	3	4	9	8	2	5	7	1
2	5	1	6	7	3	4	8	9

237

1	9	5	6	7	2	3	4	8
4	3	6	9	8	5	2	7	1
7	8	2	3	4	1	6	5	9
2	7	1	8	6	4	9	3	5
3	5	4	7	1	9	8	2	6
8	6	9	5	2	3	7	1	4
9	4	7	2	5	8	1	6	3
6	1	8	4	3	7	5	9	2
5	2	3	1	9	6	4	8	7

238

6	2	3	7	4	5	1	8	9
5	4	8	9	1	3	2	7	6
7	9	1	2	8	6	3	4	5
2	8	9	4	6	7	5	3	1
1	7	5	3	2	8	6	9	4
4	3	6	1	5	9	8	2	7
8	1	7	5	9	2	4	6	3
9	5	2	6	3	4	7	1	8
3	6	4	8	7	1	9	5	2

239

3	4	7	5	6	9	1	2	8
1	2	5	4	8	7	3	9	6
8	9	6	2	3	1	5	4	7
6	5	4	1	7	8	2	3	9
7	1	9	3	4	2	6	8	5
2	3	8	6	9	5	7	1	4
9	6	1	8	5	3	4	7	2
4	8	3	7	2	6	9	5	1
5	7	2	9	1	4	8	6	3

240

1	7	8	6	5	4	9	3	2
5	6	2	9	8	3	7	4	1
4	9	3	1	2	7	5	6	8
7	2	5	8	9	6	4	1	3
3	8	1	5	4	2	6	7	9
9	4	6	7	3	1	2	8	5
2	3	9	4	6	8	1	5	7
8	1	4	2	7	5	3	9	6
6	5	7	3	1	9	8	2	4

9	7	5	2	1	4	3	6	8
8	2	6	3	7	5	9	1	4
3	4	1	8	9	6	7	5	2
1	6	7	4	3	8	2	9	5
2	9	4	1	5	7	8	3	6
5	8	3	9	6	2	1	4	7
6	5	9	7	2	3	4	8	1
7	3	8	5	4	1	6	2	9
4	1	2	6	8	9	5	7	3

241

1	6	4	8	7	3	9	5	2
8	9	5	2	1	4	3	6	7
7	3	2	6	5	9	4	1	8
4	1	6	9	2	7	5	8	3
3	7	9	4	8	5	6	2	1
5	2	8	3	6	1	7	4	9
9	5	3	1	4	2	8	7	6
6	4	1	7	3	8	2	9	5
2	8	7	5	9	6	1	3	4

242

3	1	5	4	8	9	6	7	2
4	8	7	6	5	2	3	9	1
2	6	9	3	7	1	4	8	5
6	9	1	2	3	7	8	5	4
8	7	4	5	9	6	1	2	3
5	3	2	8	1	4	7	6	9
1	4	8	7	2	5	9	3	6
9	5	3	1	6	8	2	4	7
7	2	6	9	4	3	5	1	8

243

9	2	7	4	6	1	3	5	8
8	5	1	3	7	2	6	4	9
3	6	4	9	5	8	7	2	1
4	7	6	5	8	9	1	3	2
5	9	8	2	1	3	4	6	7
2	1	3	7	4	6	8	9	5
7	8	9	6	3	5	2	1	4
1	3	2	8	9	4	5	7	6
6	4	5	1	2	7	9	8	3

244

8	5	2	9	4	1	3	7	6
1	4	6	5	7	3	8	2	9
9	7	3	6	8	2	5	4	1
4	8	1	7	2	6	9	5	3
6	3	9	4	1	5	2	8	7
5	2	7	3	9	8	1	6	4
2	9	8	1	6	4	7	3	5
7	6	5	2	3	9	4	1	8
3	1	4	8	5	7	6	9	2

245

7	2	3	6	1	4	5	9	8
1	4	5	3	9	8	7	6	2
6	9	8	7	2	5	1	3	4
5	6	1	8	7	2	9	4	3
2	8	7	9	4	3	6	5	1
4	3	9	5	6	1	8	2	7
8	7	4	2	5	6	3	1	9
9	5	2	1	3	7	4	8	6
3	1	6	4	8	9	2	7	5

246

1	7	2	5	3	6	4	9	8
8	9	3	4	2	7	6	1	5
4	6	5	9	1	8	3	2	7
5	2	6	7	8	4	1	3	9
9	1	7	6	5	3	8	4	2
3	8	4	1	9	2	5	7	6
7	5	8	3	4	9	2	6	1
2	3	9	8	6	1	7	5	4
6	4	1	2	7	5	9	8	3

247

9	3	6	4	7	2	1	5	8
1	5	4	9	6	8	3	7	2
2	8	7	5	3	1	9	6	4
4	1	9	7	8	5	6	2	3
3	7	8	1	2	6	5	4	9
5	6	2	3	4	9	7	8	1
8	9	5	6	1	4	2	3	7
6	4	3	2	9	7	8	1	5
7	2	1	8	5	3	4	9	6

248

1	9	2	8	4	5	3	6	7
6	5	8	3	7	9	4	1	2
4	7	3	1	6	2	5	8	9
7	3	6	2	1	4	9	5	8
2	4	9	5	8	3	1	7	6
8	1	5	6	9	7	2	3	4
3	8	7	4	2	1	6	9	5
9	2	1	7	5	6	8	4	3
5	6	4	9	3	8	7	2	1

249

8	9	5	7	6	4	2	1	3
4	1	3	2	9	8	7	6	5
2	6	7	5	1	3	9	4	8
1	7	8	6	3	5	4	9	2
3	4	9	1	7	2	8	5	6
5	2	6	8	4	9	3	7	1
7	3	1	9	8	6	5	2	4
9	8	2	4	5	1	6	3	7
6	5	4	3	2	7	1	8	9

250

4	1	3	5	7	2	9	6	8
9	2	6	8	4	3	7	5	1
7	5	8	6	9	1	4	3	2
3	8	4	7	2	6	5	1	9
5	9	2	3	1	4	8	7	6
6	7	1	9	8	5	3	2	4
8	4	5	1	6	7	2	9	3
1	3	9	2	5	8	6	4	7
2	6	7	4	3	9	1	8	5

251

6	5	9	3	7	1	4	8	2
8	4	1	2	9	5	3	6	7
7	3	2	4	6	8	9	1	5
5	8	3	1	2	9	7	4	6
9	2	7	6	5	4	1	3	8
4	1	6	7	8	3	2	5	9
2	7	4	8	1	6	5	9	3
1	6	5	9	3	7	8	2	4
3	9	8	5	4	2	6	7	1

252

7	1	6	8	2	4	5	3	9
9	8	2	5	3	6	4	1	7
5	4	3	7	9	1	2	8	6
2	6	8	1	4	7	3	9	5
4	3	7	9	8	5	6	2	1
1	9	5	2	6	3	8	7	4
3	5	1	6	7	2	9	4	8
6	2	9	4	1	8	7	5	3
8	7	4	3	5	9	1	6	2

253

4	2	7	1	8	6	5	3	9
8	9	6	3	5	2	1	7	4
5	1	3	4	7	9	2	8	6
1	3	5	9	6	4	7	2	8
2	4	9	7	3	8	6	5	1
7	6	8	5	2	1	9	4	3
3	7	1	8	9	5	4	6	2
6	5	4	2	1	3	8	9	7
9	8	2	6	4	7	3	1	5

254

9	5	3	7	6	1	2	8	4
6	8	2	4	3	9	1	5	7
1	7	4	8	5	2	9	3	6
5	6	9	2	1	7	3	4	8
2	3	8	5	4	6	7	9	1
4	1	7	3	9	8	6	2	5
3	2	1	6	8	5	4	7	9
7	9	5	1	2	4	8	6	3
8	4	6	9	7	3	5	1	2

255

256

3	4	2	6	5	7	9	8	1
1	9	8	2	4	3	7	6	5
7	5	6	1	9	8	4	2	3
2	1	3	9	8	6	5	4	7
8	7	9	5	1	4	2	3	6
5	6	4	7	3	2	1	9	8
9	2	5	3	6	1	8	7	4
4	3	7	8	2	5	6	1	9
6	8	1	4	7	9	3	5	2

257

8	2	1	7	5	3	9	4	6
9	4	3	8	2	6	1	7	5
7	6	5	4	1	9	2	3	8
3	9	2	5	8	1	4	6	7
4	1	8	6	9	7	3	5	2
6	5	7	2	3	4	8	9	1
1	7	6	3	4	8	5	2	9
2	8	4	9	7	5	6	1	3
5	3	9	1	6	2	7	8	4

258

4	1	3	2	7	6	9	5	8
5	2	7	9	8	3	4	6	1
8	6	9	5	4	1	3	7	2
3	5	2	7	9	8	6	1	4
9	7	1	4	6	2	5	8	3
6	8	4	1	3	5	7	2	9
7	4	6	8	2	9	1	3	5
2	9	5	3	1	7	8	4	6
1	3	8	6	5	4	2	9	7

259

9	6	5	8	2	7	1	4	3
8	7	4	3	1	6	9	5	2
3	2	1	9	5	4	8	6	7
5	9	8	4	7	1	2	3	6
6	4	3	5	8	2	7	9	1
2	1	7	6	3	9	4	8	5
7	8	6	1	4	5	3	2	9
1	3	9	2	6	8	5	7	4
4	5	2	7	9	3	6	1	8

260

8	1	7	3	5	4	6	9	2
4	2	6	9	8	7	1	3	5
5	3	9	1	6	2	8	4	7
6	8	2	4	1	3	5	7	9
9	5	3	2	7	8	4	6	1
7	4	1	5	9	6	3	2	8
2	6	5	7	4	1	9	8	3
3	9	8	6	2	5	7	1	4
1	7	4	8	3	9	2	5	6

261

7	5	3	9	4	1	6	2	8
2	1	6	7	8	3	9	5	4
4	9	8	6	5	2	3	1	7
5	3	9	4	6	7	1	8	2
8	7	2	5	1	9	4	6	3
1	6	4	2	3	8	5	7	9
9	4	5	8	7	6	2	3	1
6	8	1	3	2	4	7	9	5
3	2	7	1	9	5	8	4	6

262

8	1	2	7	3	6	4	5	9
4	9	7	8	5	1	3	2	6
6	5	3	9	2	4	7	8	1
9	7	4	1	8	2	5	6	3
2	6	8	3	9	5	1	4	7
5	3	1	4	6	7	2	9	8
3	2	5	6	1	9	8	7	4
7	8	6	5	4	3	9	1	2
1	4	9	2	7	8	6	3	5

263

1	3	5	9	6	4	7	2	8
7	9	2	5	8	1	6	4	3
8	6	4	2	7	3	5	1	9
6	8	1	4	3	2	9	5	7
9	5	7	6	1	8	2	3	4
2	4	3	7	5	9	1	8	6
4	7	9	8	2	5	3	6	1
3	2	6	1	4	7	8	9	5
5	1	8	3	9	6	4	7	2

264

3	6	1	2	5	7	9	8	4
2	9	5	4	6	8	3	7	1
7	8	4	9	3	1	6	5	2
5	1	8	7	4	9	2	6	3
9	2	7	3	8	6	4	1	5
4	3	6	1	2	5	8	9	7
6	5	2	8	1	3	7	4	9
1	4	9	6	7	2	5	3	8
8	7	3	5	9	4	1	2	6

265

4	9	5	1	3	2	8	6	7
1	6	8	9	5	7	4	2	3
2	7	3	8	6	4	9	1	5
5	3	2	7	1	9	6	8	4
7	8	1	4	2	6	5	3	9
6	4	9	5	8	3	1	7	2
9	1	4	2	7	8	3	5	6
8	2	6	3	9	5	7	4	1
3	5	7	6	4	1	2	9	8

266

9	5	4	7	3	8	2	1	6
8	2	7	4	1	6	5	9	3
3	6	1	9	5	2	7	8	4
1	8	9	3	6	5	4	7	2
5	4	6	8	2	7	1	3	9
7	3	2	1	4	9	6	5	8
4	9	3	2	7	1	8	6	5
6	1	8	5	9	4	3	2	7
2	7	5	6	8	3	9	4	1

267

3	4	9	6	5	1	8	2	7
6	8	7	4	2	9	3	5	1
2	1	5	8	3	7	4	6	9
1	6	2	3	4	5	9	7	8
8	7	4	9	6	2	1	3	5
9	5	3	1	7	8	2	4	6
4	9	6	7	1	3	5	8	2
5	3	8	2	9	6	7	1	4
7	2	1	5	8	4	6	9	3

268

5	7	3	2	8	9	6	1	4
6	1	2	5	4	7	8	3	9
9	4	8	3	1	6	7	2	5
1	5	7	4	3	2	9	6	8
8	2	9	6	5	1	3	4	7
4	3	6	9	7	8	1	5	2
7	9	5	1	6	4	2	8	3
2	6	4	8	9	3	5	7	1
3	8	1	7	2	5	4	9	6

269

3	9	8	1	2	6	7	5	4
7	4	6	5	9	3	2	1	8
1	5	2	8	7	4	3	6	9
5	2	4	3	1	9	8	7	6
6	1	9	7	8	2	4	3	5
8	7	3	6	4	5	1	9	2
4	6	5	2	3	1	9	8	7
9	8	1	4	6	7	5	2	3
2	3	7	9	5	8	6	4	1

270

6	2	3	5	7	1	4	9	8
7	9	5	8	2	4	1	3	6
4	1	8	6	9	3	7	5	2
1	8	7	3	5	9	2	6	4
9	5	6	2	4	7	3	8	1
2	3	4	1	8	6	5	7	9
5	6	1	9	3	2	8	4	7
8	4	2	7	6	5	9	1	3
3	7	9	4	1	8	6	2	5

271

1	7	6	2	4	3	8	5	9
3	8	2	7	9	5	6	1	4
5	4	9	8	6	1	7	2	3
4	6	3	9	5	7	1	8	2
2	5	8	1	3	4	9	6	7
7	9	1	6	2	8	4	3	5
8	3	7	5	1	9	2	4	6
6	1	4	3	7	2	5	9	8
9	2	5	4	8	6	3	7	1

272

6	2	7	1	8	4	3	5	9
1	5	8	3	2	9	7	4	6
3	9	4	7	5	6	1	2	8
5	7	9	6	1	8	4	3	2
2	1	6	5	4	3	8	9	7
8	4	3	2	9	7	5	6	1
9	6	1	8	3	5	2	7	4
7	3	2	4	6	1	9	8	5
4	8	5	9	7	2	6	1	3

273

3	2	1	9	8	5	7	4	6
9	6	5	7	4	3	8	1	2
4	7	8	6	2	1	9	3	5
1	5	4	2	3	9	6	7	8
7	8	2	5	1	6	3	9	4
6	9	3	4	7	8	5	2	1
2	3	9	8	5	4	1	6	7
5	1	7	3	6	2	4	8	9
8	4	6	1	9	7	2	5	3

274

5	3	9	6	2	8	4	1	7
7	4	1	3	9	5	8	6	2
6	8	2	1	7	4	5	9	3
9	2	8	5	4	6	7	3	1
4	6	7	2	3	1	9	8	5
3	1	5	7	8	9	2	4	6
8	5	3	4	6	2	1	7	9
1	9	6	8	5	7	3	2	4
2	7	4	9	1	3	6	5	8

275

4	6	8	1	5	3	9	7	2
1	7	3	2	9	4	8	5	6
9	2	5	6	7	8	1	4	3
8	3	6	4	1	5	7	2	9
7	4	1	3	2	9	6	8	5
2	5	9	8	6	7	4	3	1
3	9	4	5	8	1	2	6	7
6	8	7	9	3	2	5	1	4
5	1	2	7	4	6	3	9	8

276

5	4	6	3	7	2	8	1	9
7	3	9	5	8	1	2	4	6
2	1	8	6	4	9	7	5	3
3	9	5	4	2	7	6	8	1
1	7	4	8	5	6	9	3	2
6	8	2	9	1	3	4	7	5
8	5	3	2	9	4	1	6	7
9	6	1	7	3	8	5	2	4
4	2	7	1	6	5	3	9	8

277

5	1	4	7	9	8	3	2	6
6	3	2	5	1	4	7	9	8
7	9	8	6	2	3	1	4	5
3	6	1	4	7	5	2	8	9
8	5	7	9	3	2	6	1	4
4	2	9	1	8	6	5	3	7
2	4	5	8	6	1	9	7	3
1	7	6	3	4	9	8	5	2
9	8	3	2	5	7	4	6	1

278

3	7	4	1	5	8	9	6	2
9	5	1	2	4	6	3	8	7
6	2	8	9	7	3	5	4	1
4	1	2	3	9	7	8	5	6
5	9	7	6	8	1	4	2	3
8	3	6	4	2	5	1	7	9
7	4	3	5	1	2	6	9	8
1	8	5	7	6	9	2	3	4
2	6	9	8	3	4	7	1	5

279

5	9	2	6	4	7	8	1	3
1	3	4	2	8	5	9	6	7
7	8	6	9	3	1	2	4	5
9	1	3	4	2	8	5	7	6
2	7	8	5	6	3	4	9	1
4	6	5	1	7	9	3	2	8
6	5	7	8	9	2	1	3	4
3	2	1	7	5	4	6	8	9
8	4	9	3	1	6	7	5	2

280

6	3	5	1	8	9	7	2	4
7	4	9	5	3	2	8	6	1
1	8	2	6	7	4	3	5	9
2	9	6	4	1	3	5	8	7
8	7	1	2	5	6	4	9	3
4	5	3	8	9	7	2	1	6
5	6	8	7	4	1	9	3	2
3	1	7	9	2	5	6	4	8
9	2	4	3	6	8	1	7	5

281

6	5	1	3	4	8	9	7	2
9	7	8	1	2	5	3	6	4
3	4	2	6	9	7	1	8	5
5	3	6	4	1	9	7	2	8
8	2	4	7	5	3	6	1	9
7	1	9	2	8	6	5	4	3
1	6	5	8	3	4	2	9	7
2	8	3	9	7	1	4	5	6
4	9	7	5	6	2	8	3	1

282

4	2	7	6	3	1	8	9	5
1	8	9	4	7	5	2	3	6
3	6	5	2	9	8	7	4	1
9	1	2	7	5	4	6	8	3
6	7	3	9	8	2	1	5	4
5	4	8	3	1	6	9	2	7
8	9	4	1	6	3	5	7	2
7	3	6	5	2	9	4	1	8
2	5	1	8	4	7	3	6	9

283

5	9	8	1	7	3	4	6	2
1	7	2	4	6	5	3	9	8
3	4	6	9	2	8	1	7	5
9	2	7	6	8	1	5	4	3
6	8	5	3	4	7	9	2	1
4	3	1	5	9	2	6	8	7
8	6	3	7	5	4	2	1	9
2	1	9	8	3	6	7	5	4
7	5	4	2	1	9	8	3	6

284

1	7	3	4	8	6	2	9	5
9	5	4	2	7	1	6	8	3
8	6	2	5	3	9	4	7	1
5	9	1	8	4	2	3	6	7
7	4	8	6	1	3	5	2	9
3	2	6	9	5	7	8	1	4
6	3	9	1	2	5	7	4	8
4	1	5	7	6	8	9	3	2
2	8	7	3	9	4	1	5	6

285

2	1	8	3	4	7	5	9	6
4	9	3	8	6	5	7	1	2
5	7	6	9	2	1	8	3	4
9	5	7	4	1	6	2	8	3
3	2	4	7	8	9	6	5	1
6	8	1	5	3	2	4	7	9
7	4	5	2	9	3	1	6	8
8	6	9	1	7	4	3	2	5
1	3	2	6	5	8	9	4	7

286

6	4	7	3	2	9	8	1	5
3	2	5	8	7	1	4	6	9
9	1	8	6	4	5	2	7	3
7	9	4	2	5	8	1	3	6
1	8	6	9	3	7	5	4	2
5	3	2	1	6	4	9	8	7
2	7	9	4	8	6	3	5	1
4	5	1	7	9	3	6	2	8
8	6	3	5	1	2	7	9	4

287

1	7	8	5	6	2	9	4	3
9	4	5	1	3	7	8	2	6
3	2	6	9	4	8	1	5	7
6	5	4	8	2	1	3	7	9
2	3	1	6	7	9	5	8	4
7	8	9	4	5	3	2	6	1
4	1	2	7	9	5	6	3	8
8	6	3	2	1	4	7	9	5
5	9	7	3	8	6	4	1	2

288

6	7	9	1	8	2	3	5	4
1	3	8	7	4	5	6	2	9
5	2	4	9	6	3	1	8	7
8	9	2	6	1	7	5	4	3
4	6	3	5	9	8	7	1	2
7	5	1	2	3	4	8	9	6
3	8	6	4	2	1	9	7	5
9	4	5	8	7	6	2	3	1
2	1	7	3	5	9	4	6	8

289

1	5	8	9	7	4	3	2	6
9	2	6	1	3	5	4	8	7
4	3	7	2	6	8	5	9	1
3	7	2	4	5	6	8	1	9
8	4	5	7	1	9	6	3	2
6	9	1	8	2	3	7	4	5
2	8	4	5	9	7	1	6	3
7	6	9	3	4	1	2	5	8
5	1	3	6	8	2	9	7	4

290

6	8	7	9	1	5	2	3	4
1	4	9	2	8	3	5	7	6
5	3	2	6	4	7	9	1	8
8	2	4	3	9	6	7	5	1
9	1	5	8	7	2	6	4	3
7	6	3	4	5	1	8	9	2
3	5	8	1	2	9	4	6	7
2	7	6	5	3	4	1	8	9
4	9	1	7	6	8	3	2	5

291

3	2	9	8	1	5	4	7	6
8	7	5	6	4	2	1	3	9
1	4	6	9	3	7	2	8	5
5	1	7	2	6	8	3	9	4
2	9	4	5	7	3	8	6	1
6	8	3	4	9	1	5	2	7
4	6	1	3	2	9	7	5	8
7	5	2	1	8	6	9	4	3
9	3	8	7	5	4	6	1	2

292

4	8	2	1	7	3	6	5	9
5	1	3	6	4	9	7	8	2
6	9	7	5	8	2	1	3	4
7	3	1	2	5	6	4	9	8
8	5	4	7	9	1	2	6	3
2	6	9	8	3	4	5	7	1
9	7	6	4	2	8	3	1	5
1	2	8	3	6	5	9	4	7
3	4	5	9	1	7	8	2	6

293

3	6	1	4	5	8	9	2	7
4	9	8	3	2	7	5	1	6
2	7	5	6	9	1	4	3	8
5	3	4	7	6	2	8	9	1
9	1	7	8	3	5	2	6	4
6	8	2	1	4	9	7	5	3
8	2	6	9	1	4	3	7	5
1	4	9	5	7	3	6	8	2
7	5	3	2	8	6	1	4	9

294

7	5	6	1	8	9	2	3	4
1	2	9	3	4	7	5	6	8
3	4	8	2	5	6	1	9	7
9	7	3	4	6	5	8	2	1
6	1	4	8	3	2	7	5	9
5	8	2	7	9	1	3	4	6
8	6	5	9	1	3	4	7	2
2	9	1	5	7	4	6	8	3
4	3	7	6	2	8	9	1	5

295

9	6	1	4	3	5	7	8	2
8	4	3	9	7	2	1	5	6
5	2	7	1	6	8	4	9	3
1	7	6	2	8	4	9	3	5
2	5	9	6	1	3	8	7	4
4	3	8	7	5	9	6	2	1
6	8	2	5	9	1	3	4	7
7	9	5	3	4	6	2	1	8
3	1	4	8	2	7	5	6	9

296

5	6	9	2	1	4	3	8	7
8	3	4	7	9	5	6	2	1
7	2	1	6	8	3	9	4	5
2	8	6	5	3	9	1	7	4
1	9	7	8	4	2	5	6	3
4	5	3	1	6	7	2	9	8
9	1	2	3	7	8	4	5	6
6	4	8	9	5	1	7	3	2
3	7	5	4	2	6	8	1	9

297

1	6	2	5	7	3	9	4	8
7	5	4	8	2	9	6	3	1
3	9	8	4	1	6	5	2	7
8	7	1	3	9	5	4	6	2
9	3	6	7	4	2	1	8	5
4	2	5	1	6	8	3	7	9
5	8	7	9	3	4	2	1	6
6	4	9	2	8	1	7	5	3
2	1	3	6	5	7	8	9	4

298

9	4	8	7	1	3	5	6	2
5	1	3	6	2	4	7	8	9
2	7	6	9	5	8	4	1	3
1	5	4	3	9	6	2	7	8
8	3	2	1	7	5	9	4	6
6	9	7	8	4	2	1	3	5
7	6	1	2	3	9	8	5	4
4	8	9	5	6	1	3	2	7
3	2	5	4	8	7	6	9	1

299

9	7	3	1	8	4	6	2	5
4	8	5	9	2	6	1	3	7
6	2	1	3	5	7	4	8	9
8	3	7	4	1	2	5	9	6
5	6	9	7	3	8	2	1	4
2	1	4	5	6	9	8	7	3
1	5	6	2	7	3	9	4	8
7	9	8	6	4	1	3	5	2
3	4	2	8	9	5	7	6	1

300

7	5	9	4	8	2	3	6	1
8	2	1	9	6	3	7	4	5
3	6	4	1	5	7	2	8	9
5	7	6	3	2	9	4	1	8
1	9	8	5	7	4	6	3	2
4	3	2	8	1	6	5	9	7
6	1	5	2	4	8	9	7	3
2	4	3	7	9	1	8	5	6
9	8	7	6	3	5	1	2	4

7	4	3	5	2	6	9	8	1
9	8	5	1	3	7	4	6	2
6	1	2	9	8	4	3	7	5
5	3	1	8	7	9	2	4	6
2	9	6	4	1	5	7	3	8
4	7	8	3	6	2	5	1	9
3	6	4	2	5	1	8	9	7
8	2	7	6	9	3	1	5	4
1	5	9	7	4	8	6	2	3

301

3	1	4	8	2	9	7	5	6
8	7	9	5	6	3	4	1	2
2	6	5	7	4	1	9	8	3
1	8	6	9	5	4	2	3	7
4	2	7	3	1	8	5	6	9
9	5	3	2	7	6	1	4	8
5	9	1	6	3	2	8	7	4
6	4	8	1	9	7	3	2	5
7	3	2	4	8	5	6	9	1

302

4	8	2	9	7	6	3	5	1
7	5	9	2	3	1	8	6	4
3	1	6	8	5	4	9	2	7
5	4	1	3	8	9	6	7	2
2	9	3	1	6	7	5	4	8
8	6	7	4	2	5	1	9	3
9	3	8	6	4	2	7	1	5
6	7	4	5	1	8	2	3	9
1	2	5	7	9	3	4	8	6

303

3	5	2	6	4	1	9	8	7
8	4	9	3	7	5	6	1	2
1	6	7	8	2	9	3	4	5
4	3	8	7	9	6	2	5	1
6	9	5	1	8	2	4	7	3
2	7	1	5	3	4	8	6	9
5	1	4	9	6	3	7	2	8
7	2	3	4	1	8	5	9	6
9	8	6	2	5	7	1	3	4

304

5	9	6	4	3	2	8	1	7
7	8	2	1	6	9	4	5	3
3	1	4	7	5	8	6	9	2
8	4	9	6	2	5	3	7	1
1	6	7	3	9	4	2	8	5
2	5	3	8	7	1	9	4	6
4	3	8	5	1	6	7	2	9
9	7	5	2	4	3	1	6	8
6	2	1	9	8	7	5	3	4

305

7	2	8	1	3	4	6	9	5
3	4	9	5	7	6	2	1	8
1	6	5	9	2	8	4	7	3
2	5	7	6	1	3	9	8	4
8	9	3	2	4	7	1	5	6
4	1	6	8	9	5	3	2	7
9	3	4	7	8	1	5	6	2
6	8	2	3	5	9	7	4	1
5	7	1	4	6	2	8	3	9

306

4	6	2	3	7	1	8	5	9
1	9	3	5	8	6	4	2	7
5	7	8	9	4	2	3	1	6
3	1	9	6	2	7	5	4	8
7	4	6	8	3	5	1	9	2
2	8	5	1	9	4	7	6	3
9	5	4	7	6	8	2	3	1
8	3	1	2	5	9	6	7	4
6	2	7	4	1	3	9	8	5

307

9	1	8	3	6	2	7	5	4
4	6	3	1	7	5	8	2	9
5	7	2	8	4	9	3	1	6
2	8	6	7	9	4	1	3	5
1	5	9	2	8	3	6	4	7
3	4	7	5	1	6	2	9	8
7	9	4	6	3	1	5	8	2
6	3	5	4	2	8	9	7	1
8	2	1	9	5	7	4	6	3

308

6	2	8	1	5	3	9	7	4
7	1	4	8	2	9	5	6	3
9	3	5	7	6	4	2	8	1
4	9	2	3	1	8	7	5	6
8	7	3	6	9	5	4	1	2
5	6	1	4	7	2	8	3	9
1	8	9	2	3	7	6	4	5
2	4	6	5	8	1	3	9	7
3	5	7	9	4	6	1	2	8

309

6	1	4	5	3	9	7	2	8
2	9	5	7	4	8	6	3	1
3	8	7	2	1	6	5	9	4
7	4	6	3	9	1	2	8	5
9	2	8	4	6	5	3	1	7
1	5	3	8	7	2	9	4	6
5	7	1	9	2	4	8	6	3
8	6	9	1	5	3	4	7	2
4	3	2	6	8	7	1	5	9

310

4	1	6	9	2	8	5	7	3
8	9	7	3	4	5	6	2	1
5	3	2	1	7	6	8	4	9
6	8	3	7	9	2	4	1	5
7	2	4	5	3	1	9	8	6
1	5	9	8	6	4	7	3	2
3	7	5	4	1	9	2	6	8
9	6	1	2	8	7	3	5	4
2	4	8	6	5	3	1	9	7

311

7	8	6	5	2	9	4	1	3
5	3	1	6	4	8	7	2	9
9	2	4	3	7	1	8	5	6
1	7	2	8	9	4	3	6	5
3	4	5	1	6	2	9	7	8
6	9	8	7	5	3	2	4	1
8	6	9	4	1	7	5	3	2
4	1	3	2	8	5	6	9	7
2	5	7	9	3	6	1	8	4

312

3	6	8	9	4	5	1	7	2
1	5	9	2	8	7	4	3	6
7	4	2	6	3	1	5	9	8
5	7	6	3	2	9	8	1	4
2	9	3	4	1	8	6	5	7
4	8	1	7	5	6	3	2	9
9	3	4	5	6	2	7	8	1
6	1	7	8	9	3	2	4	5
8	2	5	1	7	4	9	6	3

313

8	7	4	2	3	6	9	1	5
5	2	9	8	7	1	4	3	6
6	1	3	5	9	4	8	2	7
9	3	5	7	1	2	6	8	4
4	8	1	6	5	3	2	7	9
2	6	7	9	4	8	3	5	1
3	4	6	1	2	7	5	9	8
1	9	2	4	8	5	7	6	3
7	5	8	3	6	9	1	4	2

314

2	8	1	5	9	4	6	7	3
4	9	6	3	7	2	8	1	5
3	5	7	6	1	8	9	2	4
5	2	9	7	8	1	3	4	6
1	3	4	2	6	9	5	8	7
6	7	8	4	5	3	2	9	1
9	4	2	1	3	5	7	6	8
8	6	3	9	4	7	1	5	2
7	1	5	8	2	6	4	3	9

315

316

9	4	6	2	8	5	7	1	3
7	5	2	1	6	3	8	4	9
1	8	3	9	7	4	2	5	6
4	1	9	3	5	7	6	2	8
5	6	7	8	1	2	3	9	4
2	3	8	6	4	9	5	7	1
6	7	1	5	9	8	4	3	2
8	2	4	7	3	1	9	6	5
3	9	5	4	2	6	1	8	7

317

4	2	9	8	7	1	6	5	3
8	6	5	3	9	4	2	7	1
3	1	7	5	6	2	8	9	4
5	8	2	7	4	3	1	6	9
7	9	6	1	8	5	4	3	2
1	4	3	6	2	9	7	8	5
9	7	1	4	5	6	3	2	8
2	3	8	9	1	7	5	4	6
6	5	4	2	3	8	9	1	7

318

3	4	5	2	8	7	6	1	9
1	9	2	5	6	4	3	7	8
7	6	8	1	3	9	2	5	4
6	1	3	4	7	5	9	8	2
4	5	7	8	9	2	1	6	3
8	2	9	3	1	6	5	4	7
5	3	1	9	4	8	7	2	6
9	7	4	6	2	1	8	3	5
2	8	6	7	5	3	4	9	1

319

5	4	6	1	7	8	2	9	3
3	8	2	9	5	4	1	6	7
9	7	1	2	6	3	4	8	5
1	2	4	7	8	5	9	3	6
6	9	8	4	3	2	5	7	1
7	5	3	6	1	9	8	4	2
8	1	5	3	4	6	7	2	9
2	3	7	8	9	1	6	5	4
4	6	9	5	2	7	3	1	8

320

2	4	1	7	5	3	9	8	6
3	5	9	1	8	6	4	7	2
7	8	6	2	9	4	1	3	5
1	2	4	5	3	7	8	6	9
8	9	7	6	4	1	5	2	3
6	3	5	9	2	8	7	4	1
5	7	2	4	6	9	3	1	8
4	6	3	8	1	5	2	9	7
9	1	8	3	7	2	6	5	4

321

4	9	1	8	2	5	7	3	6
8	2	6	3	1	7	9	5	4
7	3	5	4	6	9	8	2	1
2	4	7	5	8	1	6	9	3
1	6	8	7	9	3	2	4	5
3	5	9	2	4	6	1	8	7
9	7	4	6	3	8	5	1	2
6	1	3	9	5	2	4	7	8
5	8	2	1	7	4	3	6	9

322

3	6	5	4	8	7	1	9	2
7	2	1	9	5	6	8	3	4
4	8	9	2	1	3	6	5	7
5	3	6	7	2	4	9	8	1
8	9	7	6	3	1	4	2	5
1	4	2	5	9	8	7	6	3
9	7	3	1	6	2	5	4	8
2	5	4	8	7	9	3	1	6
6	1	8	3	4	5	2	7	9

323

5	9	6	7	4	8	1	2	3
7	2	3	6	5	1	8	9	4
1	4	8	9	2	3	7	5	6
6	1	2	4	3	9	5	8	7
4	5	7	8	6	2	3	1	9
8	3	9	1	7	5	6	4	2
3	8	1	2	9	7	4	6	5
9	6	5	3	8	4	2	7	1
2	7	4	5	1	6	9	3	8

324

1	6	2	5	7	3	4	8	9
4	5	8	9	2	1	3	7	6
3	7	9	6	4	8	5	1	2
2	4	6	8	1	9	7	5	3
5	9	7	2	3	4	1	6	8
8	3	1	7	5	6	2	9	4
6	2	3	1	9	7	8	4	5
7	8	5	4	6	2	9	3	1
9	1	4	3	8	5	6	2	7

325

8	9	6	5	7	3	4	1	2
2	4	5	9	1	6	8	3	7
3	7	1	4	8	2	9	5	6
7	6	4	3	2	5	1	9	8
1	3	2	8	4	9	6	7	5
5	8	9	7	6	1	3	2	4
9	2	7	6	3	8	5	4	1
6	1	3	2	5	4	7	8	9
4	5	8	1	9	7	2	6	3

326

5	3	7	9	6	2	1	4	8
6	4	1	3	5	8	9	2	7
8	9	2	4	7	1	3	6	5
3	1	5	2	4	7	8	9	6
7	2	9	8	1	6	4	5	3
4	6	8	5	9	3	2	7	1
2	7	6	1	3	9	5	8	4
1	8	4	7	2	5	6	3	9
9	5	3	6	8	4	7	1	2

327

7	5	4	9	6	8	1	2	3
8	6	1	3	7	2	4	9	5
9	3	2	4	5	1	6	7	8
3	4	5	6	1	7	9	8	2
6	9	7	8	2	3	5	1	4
1	2	8	5	9	4	7	3	6
2	1	3	7	4	6	8	5	9
4	7	9	2	8	5	3	6	1
5	8	6	1	3	9	2	4	7

328

4	3	9	7	1	6	5	2	8
5	7	2	3	8	4	6	1	9
8	1	6	2	9	5	3	4	7
2	9	3	1	4	7	8	6	5
6	5	4	9	3	8	1	7	2
1	8	7	6	5	2	4	9	3
3	4	1	8	7	9	2	5	6
9	2	8	5	6	1	7	3	4
7	6	5	4	2	3	9	8	1

329

3	4	6	5	8	1	2	9	7
8	7	1	2	9	3	4	6	5
2	5	9	6	7	4	1	3	8
6	8	7	1	3	5	9	4	2
1	2	5	4	6	9	8	7	3
9	3	4	7	2	8	5	1	6
5	6	8	9	4	7	3	2	1
7	9	3	8	1	2	6	5	4
4	1	2	3	5	6	7	8	9

330

5	6	2	1	7	8	9	4	3
4	9	3	6	2	5	7	1	8
1	8	7	4	9	3	2	6	5
3	5	1	7	8	2	6	9	4
7	2	6	5	4	9	8	3	1
9	4	8	3	6	1	5	7	2
8	1	4	9	5	6	3	2	7
6	3	5	2	1	7	4	8	9
2	7	9	8	3	4	1	5	6

8	7	5	9	6	4	2	3	1
4	6	3	2	5	1	7	9	8
2	9	1	3	7	8	4	6	5
1	8	4	7	3	5	6	2	9
6	3	7	1	2	9	5	8	4
5	2	9	4	8	6	3	1	7
7	4	8	6	1	2	9	5	3
3	1	2	5	9	7	8	4	6
9	5	6	8	4	3	1	7	2

331

7	8	4	6	3	2	5	1	9
5	3	9	4	1	8	2	6	7
1	2	6	9	7	5	4	8	3
2	1	5	7	9	4	6	3	8
9	4	7	3	8	6	1	5	2
3	6	8	2	5	1	7	9	4
8	9	2	1	6	7	3	4	5
6	7	3	5	4	9	8	2	1
4	5	1	8	2	3	9	7	6

332

4	2	7	3	1	8	5	9	6
5	3	6	9	7	2	1	4	8
1	9	8	4	6	5	2	7	3
3	1	2	8	9	7	4	6	5
8	6	4	1	5	3	9	2	7
9	7	5	6	2	4	3	8	1
2	5	1	7	8	9	6	3	4
7	4	9	5	3	6	8	1	2
6	8	3	2	4	1	7	5	9

333

8	2	3	5	9	7	1	6	4
5	1	7	6	8	4	2	3	9
6	9	4	2	1	3	7	8	5
3	5	8	4	6	1	9	2	7
9	4	2	7	3	8	5	1	6
1	7	6	9	5	2	3	4	8
2	6	1	8	7	9	4	5	3
7	3	5	1	4	6	8	9	2
4	8	9	3	2	5	6	7	1

334

6	3	2	8	9	4	1	7	5
5	4	9	1	7	6	3	2	8
7	1	8	5	2	3	6	4	9
2	7	3	9	5	8	4	6	1
8	9	1	4	6	2	7	5	3
4	6	5	3	1	7	8	9	2
9	8	7	2	4	1	5	3	6
3	5	6	7	8	9	2	1	4
1	2	4	6	3	5	9	8	7

335

5	6	9	7	8	4	2	1	3
2	4	3	6	1	5	7	8	9
1	7	8	3	9	2	4	6	5
4	1	7	8	2	3	5	9	6
3	9	6	5	4	7	1	2	8
8	2	5	9	6	1	3	4	7
9	5	4	2	3	6	8	7	1
6	3	1	4	7	8	9	5	2
7	8	2	1	5	9	6	3	4

336

6	4	7	1	9	5	3	8	2
8	1	3	2	7	4	6	9	5
2	9	5	8	6	3	1	4	7
4	5	6	7	3	9	2	1	8
1	7	8	6	5	2	9	3	4
9	3	2	4	8	1	5	7	6
5	2	1	9	4	7	8	6	3
3	6	4	5	1	8	7	2	9
7	8	9	3	2	6	4	5	1

337

2	9	1	8	3	4	5	6	7
3	5	4	7	9	6	8	2	1
6	7	8	1	5	2	3	4	9
7	3	9	6	2	1	4	5	8
4	8	6	3	7	5	1	9	2
1	2	5	9	4	8	6	7	3
8	1	2	4	6	7	9	3	5
9	4	7	5	1	3	2	8	6
5	6	3	2	8	9	7	1	4

338

9	3	5	8	1	6	7	2	4
6	4	1	2	7	5	9	8	3
2	8	7	3	4	9	1	5	6
7	2	8	1	9	4	6	3	5
1	9	3	5	6	2	4	7	8
5	6	4	7	8	3	2	9	1
4	5	6	9	2	8	3	1	7
3	1	9	4	5	7	8	6	2
8	7	2	6	3	1	5	4	9

339

9	6	1	2	5	7	8	3	4
4	8	7	6	9	3	1	5	2
5	3	2	8	1	4	6	9	7
6	1	9	3	2	5	7	4	8
2	7	3	9	4	8	5	6	1
8	4	5	7	6	1	9	2	3
7	9	6	1	3	2	4	8	5
1	2	4	5	8	6	3	7	9
3	5	8	4	7	9	2	1	6

340

8	2	4	1	6	9	7	5	3
7	5	1	3	8	4	2	9	6
9	6	3	5	2	7	4	8	1
6	8	9	7	4	2	3	1	5
5	4	7	8	1	3	6	2	9
1	3	2	9	5	6	8	4	7
3	9	8	4	7	5	1	6	2
2	1	5	6	3	8	9	7	4
4	7	6	2	9	1	5	3	8

341

7	2	9	5	1	3	4	6	8
3	1	4	6	8	2	5	7	9
6	5	8	7	4	9	2	1	3
4	6	5	9	3	7	8	2	1
8	3	7	4	2	1	9	5	6
1	9	2	8	5	6	3	4	7
5	7	1	3	9	4	6	8	2
2	4	3	1	6	8	7	9	5
9	8	6	2	7	5	1	3	4

342

2	1	5	7	9	3	4	6	8
3	8	7	5	4	6	9	1	2
9	6	4	8	2	1	3	7	5
1	3	9	6	5	8	2	4	7
8	5	2	4	1	7	6	3	9
4	7	6	9	3	2	5	8	1
5	4	3	1	8	9	7	2	6
7	2	1	3	6	5	8	9	4
6	9	8	2	7	4	1	5	3

343

1	9	3	8	5	4	7	6	2
6	5	8	2	3	7	9	4	1
7	2	4	1	9	6	8	3	5
9	7	1	3	6	5	4	2	8
4	8	2	7	1	9	3	5	6
5	3	6	4	8	2	1	7	9
2	1	9	5	7	3	6	8	4
3	6	5	9	4	8	2	1	7
8	4	7	6	2	1	5	9	3

344

5	8	1	6	9	4	7	2	3
7	9	2	8	3	1	6	5	4
6	4	3	5	7	2	1	8	9
1	5	9	2	4	6	8	3	7
2	3	7	1	8	9	4	6	5
4	6	8	7	5	3	2	9	1
8	7	4	9	6	5	3	1	2
9	2	6	3	1	7	5	4	8
3	1	5	4	2	8	9	7	6

345

346

3	5	8	4	9	6	1	7	2
1	7	9	2	3	8	5	4	6
4	6	2	7	5	1	3	9	8
5	2	3	6	1	9	4	8	7
7	9	4	8	2	5	6	3	1
8	1	6	3	4	7	9	2	5
9	3	7	1	6	2	8	5	4
6	8	5	9	7	4	2	1	3
2	4	1	5	8	3	7	6	9

347

2	3	5	9	4	1	6	7	8
1	4	6	3	7	8	2	9	5
8	9	7	2	6	5	3	4	1
7	8	2	5	1	3	9	6	4
9	6	4	7	8	2	1	5	3
5	1	3	4	9	6	7	8	2
3	2	9	6	5	4	8	1	7
6	5	8	1	3	7	4	2	9
4	7	1	8	2	9	5	3	6

348

1	9	8	5	3	2	6	4	7
3	6	5	9	4	7	2	1	8
7	4	2	1	6	8	3	5	9
8	2	9	7	1	5	4	6	3
6	5	7	3	9	4	1	8	2
4	1	3	2	8	6	7	9	5
2	3	4	6	5	9	8	7	1
5	8	1	4	7	3	9	2	6
9	7	6	8	2	1	5	3	4

349

5	1	9	8	6	3	4	2	7
8	7	2	9	4	1	3	5	6
3	6	4	5	2	7	8	9	1
9	4	1	6	5	8	2	7	3
6	2	5	3	7	4	1	8	9
7	3	8	2	1	9	5	6	4
1	8	6	4	9	5	7	3	2
2	5	7	1	3	6	9	4	8
4	9	3	7	8	2	6	1	5

350

8	7	6	5	1	2	9	4	3
1	5	4	7	3	9	6	2	8
9	2	3	6	4	8	1	5	7
2	6	7	9	5	3	8	1	4
3	4	8	2	7	1	5	9	6
5	9	1	4	8	6	3	7	2
6	1	9	3	2	4	7	8	5
4	3	5	8	9	7	2	6	1
7	8	2	1	6	5	4	3	9

351

4	5	6	9	1	2	3	8	7
9	3	7	5	8	4	1	2	6
1	8	2	6	7	3	5	4	9
8	7	5	1	2	6	4	9	3
6	4	3	8	5	9	2	7	1
2	1	9	4	3	7	8	6	5
5	6	8	7	4	1	9	3	2
3	9	4	2	6	5	7	1	8
7	2	1	3	9	8	6	5	4

352

2	7	5	9	8	3	6	4	1
9	4	6	5	1	2	3	8	7
3	1	8	6	7	4	9	5	2
1	5	7	3	4	9	2	6	8
6	2	3	8	5	7	4	1	9
4	8	9	1	2	6	5	7	3
8	9	1	4	3	5	7	2	6
5	6	2	7	9	1	8	3	4
7	3	4	2	6	8	1	9	5

353

9	8	3	4	7	5	2	6	1
2	4	5	6	8	1	3	9	7
7	1	6	9	2	3	8	5	4
4	9	1	5	3	6	7	2	8
6	2	8	7	9	4	1	3	5
5	3	7	8	1	2	9	4	6
1	7	4	2	5	9	6	8	3
8	5	9	3	6	7	4	1	2
3	6	2	1	4	8	5	7	9

354

4	2	5	8	6	3	7	1	9
9	8	7	1	4	2	6	3	5
6	1	3	9	7	5	2	8	4
3	6	1	2	5	8	4	9	7
7	4	2	6	9	1	3	5	8
8	5	9	7	3	4	1	6	2
1	7	4	5	8	6	9	2	3
5	3	6	4	2	9	8	7	1
2	9	8	3	1	7	5	4	6

355

3	1	7	4	8	6	9	2	5
2	6	5	9	1	7	8	3	4
9	4	8	3	2	5	6	7	1
1	7	9	2	6	4	3	5	8
5	2	4	8	3	9	1	6	7
6	8	3	5	7	1	4	9	2
8	5	1	7	9	3	2	4	6
4	3	6	1	5	2	7	8	9
7	9	2	6	4	8	5	1	3

356

4	2	5	8	7	9	1	6	3
1	7	3	5	4	6	8	9	2
9	8	6	2	3	1	5	7	4
7	5	4	3	1	2	9	8	6
2	1	8	9	6	7	3	4	5
3	6	9	4	8	5	7	2	1
6	4	1	7	5	8	2	3	9
5	9	7	6	2	3	4	1	8
8	3	2	1	9	4	6	5	7

357

4	7	9	2	5	6	3	8	1
5	8	2	7	3	1	6	9	4
1	3	6	4	9	8	2	5	7
9	4	8	1	7	2	5	6	3
2	1	3	5	6	9	7	4	8
6	5	7	3	8	4	1	2	9
7	2	4	9	1	5	8	3	6
3	6	5	8	4	7	9	1	2
8	9	1	6	2	3	4	7	5

358

4	8	7	1	3	5	9	2	6
1	6	9	7	2	8	4	3	5
5	2	3	4	6	9	8	7	1
7	1	6	8	9	2	5	4	3
9	3	4	5	1	6	2	8	7
8	5	2	3	4	7	6	1	9
2	4	1	6	5	3	7	9	8
3	7	5	9	8	4	1	6	2
6	9	8	2	7	1	3	5	4

359

3	7	8	1	6	2	9	4	5
4	1	5	8	3	9	7	6	2
6	2	9	7	5	4	3	8	1
2	6	7	5	4	8	1	9	3
5	3	1	9	2	6	8	7	4
9	8	4	3	7	1	2	5	6
8	5	2	4	9	3	6	1	7
1	4	3	6	8	7	5	2	9
7	9	6	2	1	5	4	3	8

360

1	6	9	8	7	5	4	2	3
7	4	8	3	9	2	5	1	6
3	5	2	1	4	6	8	9	7
6	7	1	9	5	4	3	8	2
8	2	5	7	3	1	6	4	9
4	9	3	2	6	8	7	5	1
9	3	4	5	2	7	1	6	8
2	1	6	4	8	3	9	7	5
5	8	7	6	1	9	2	3	4

361

1	7	3	9	4	6	8	5	2
2	8	6	5	3	1	9	7	4
4	9	5	7	2	8	3	6	1
5	6	7	3	1	9	4	2	8
8	1	2	6	7	4	5	9	3
3	4	9	8	5	2	6	1	7
9	2	8	1	6	3	7	4	5
7	3	1	4	9	5	2	8	6
6	5	4	2	8	7	1	3	9

362

9	7	5	1	6	8	2	4	3
6	4	1	3	2	7	5	9	8
3	2	8	4	9	5	1	7	6
7	1	9	8	3	6	4	2	5
5	6	3	2	4	9	8	1	7
4	8	2	5	7	1	3	6	9
2	5	6	7	1	3	9	8	4
8	9	4	6	5	2	7	3	1
1	3	7	9	8	4	6	5	2

363

4	3	8	9	6	5	7	1	2
7	5	1	4	2	8	3	6	9
2	6	9	1	3	7	8	4	5
8	4	7	3	5	1	9	2	6
6	2	3	7	4	9	1	5	8
9	1	5	6	8	2	4	7	3
1	7	2	8	9	6	5	3	4
3	8	6	5	1	4	2	9	7
5	9	4	2	7	3	6	8	1

364

9	8	4	3	7	5	2	6	1
2	3	1	6	8	9	7	4	5
7	5	6	4	2	1	8	9	3
6	9	2	5	3	8	4	1	7
5	4	7	9	1	2	6	3	8
3	1	8	7	4	6	9	5	2
1	7	3	2	9	4	5	8	6
4	2	5	8	6	3	1	7	9
8	6	9	1	5	7	3	2	4

365

4	8	3	9	5	7	2	6	1
9	2	7	3	1	6	8	4	5
6	1	5	2	8	4	9	7	3
1	7	8	4	6	3	5	2	9
3	9	6	5	7	2	1	8	4
5	4	2	8	9	1	6	3	7
2	6	4	1	3	9	7	5	8
7	5	9	6	4	8	3	1	2
8	3	1	7	2	5	4	9	6

366

9	1	6	4	3	2	8	7	5
3	2	7	8	5	6	9	1	4
4	5	8	1	7	9	6	3	2
2	8	4	9	1	3	7	5	6
7	3	9	5	6	4	1	2	8
5	6	1	2	8	7	4	9	3
1	7	3	6	2	8	5	4	9
6	9	2	7	4	5	3	8	1
8	4	5	3	9	1	2	6	7

367

5	3	6	4	8	2	9	1	7
1	4	9	7	5	3	2	6	8
2	8	7	9	1	6	3	5	4
4	5	2	8	6	9	1	7	3
3	7	8	5	2	1	6	4	9
6	9	1	3	7	4	8	2	5
9	1	3	6	4	5	7	8	2
7	2	4	1	3	8	5	9	6
8	6	5	2	9	7	4	3	1

368

3	4	2	6	8	7	1	5	9
7	8	9	5	4	1	6	2	3
1	6	5	2	9	3	7	4	8
4	2	3	1	5	8	9	7	6
9	7	6	3	2	4	5	8	1
8	5	1	7	6	9	4	3	2
6	9	4	8	3	5	2	1	7
5	3	7	9	1	2	8	6	4
2	1	8	4	7	6	3	9	5

369

2	5	8	4	3	9	1	6	7
6	7	1	8	2	5	4	9	3
9	3	4	1	7	6	5	8	2
3	9	7	5	4	2	8	1	6
8	1	2	6	9	3	7	5	4
4	6	5	7	8	1	2	3	9
5	4	6	9	1	7	3	2	8
7	2	9	3	5	8	6	4	1
1	8	3	2	6	4	9	7	5

370

2	7	6	4	8	3	5	9	1
5	1	4	2	7	9	3	6	8
8	3	9	1	6	5	2	4	7
4	5	7	3	2	8	9	1	6
1	9	2	7	5	6	8	3	4
3	6	8	9	1	4	7	2	5
7	8	3	6	4	2	1	5	9
9	4	5	8	3	1	6	7	2
6	2	1	5	9	7	4	8	3

371

1	3	7	8	6	4	5	2	9
5	8	4	3	9	2	6	1	7
2	6	9	1	7	5	4	8	3
7	1	3	5	8	6	2	9	4
9	2	5	4	3	1	8	7	6
6	4	8	9	2	7	3	5	1
3	7	6	2	5	9	1	4	8
8	5	1	7	4	3	9	6	2
4	9	2	6	1	8	7	3	5

372

2	6	8	1	5	9	7	3	4
3	5	4	2	7	8	6	9	1
9	7	1	6	3	4	8	5	2
7	8	9	4	2	5	1	6	3
6	1	2	3	9	7	5	4	8
5	4	3	8	6	1	9	2	7
4	2	5	7	1	6	3	8	9
1	3	6	9	8	2	4	7	5
8	9	7	5	4	3	2	1	6

373

7	1	2	3	4	5	6	8	9
3	8	6	9	1	7	4	2	5
4	9	5	6	2	8	1	3	7
1	2	3	5	6	9	7	4	8
9	7	4	2	8	3	5	1	6
6	5	8	4	7	1	2	9	3
8	4	1	7	3	6	9	5	2
5	3	7	1	9	2	8	6	4
2	6	9	8	5	4	3	7	1

374

5	7	8	9	4	3	2	1	6
3	2	9	6	8	1	7	4	5
4	6	1	5	7	2	8	3	9
8	5	6	3	2	4	1	9	7
1	9	7	8	5	6	4	2	3
2	3	4	7	1	9	6	5	8
9	1	5	2	6	7	3	8	4
6	4	3	1	9	8	5	7	2
7	8	2	4	3	5	9	6	1

375

9	8	2	1	3	5	7	6	4
3	6	4	9	8	7	5	2	1
7	1	5	6	4	2	9	3	8
2	4	9	8	7	6	3	1	5
5	7	1	3	2	9	4	8	6
8	3	6	5	1	4	2	7	9
1	9	8	7	5	3	6	4	2
6	2	7	4	9	8	1	5	3
4	5	3	2	6	1	8	9	7

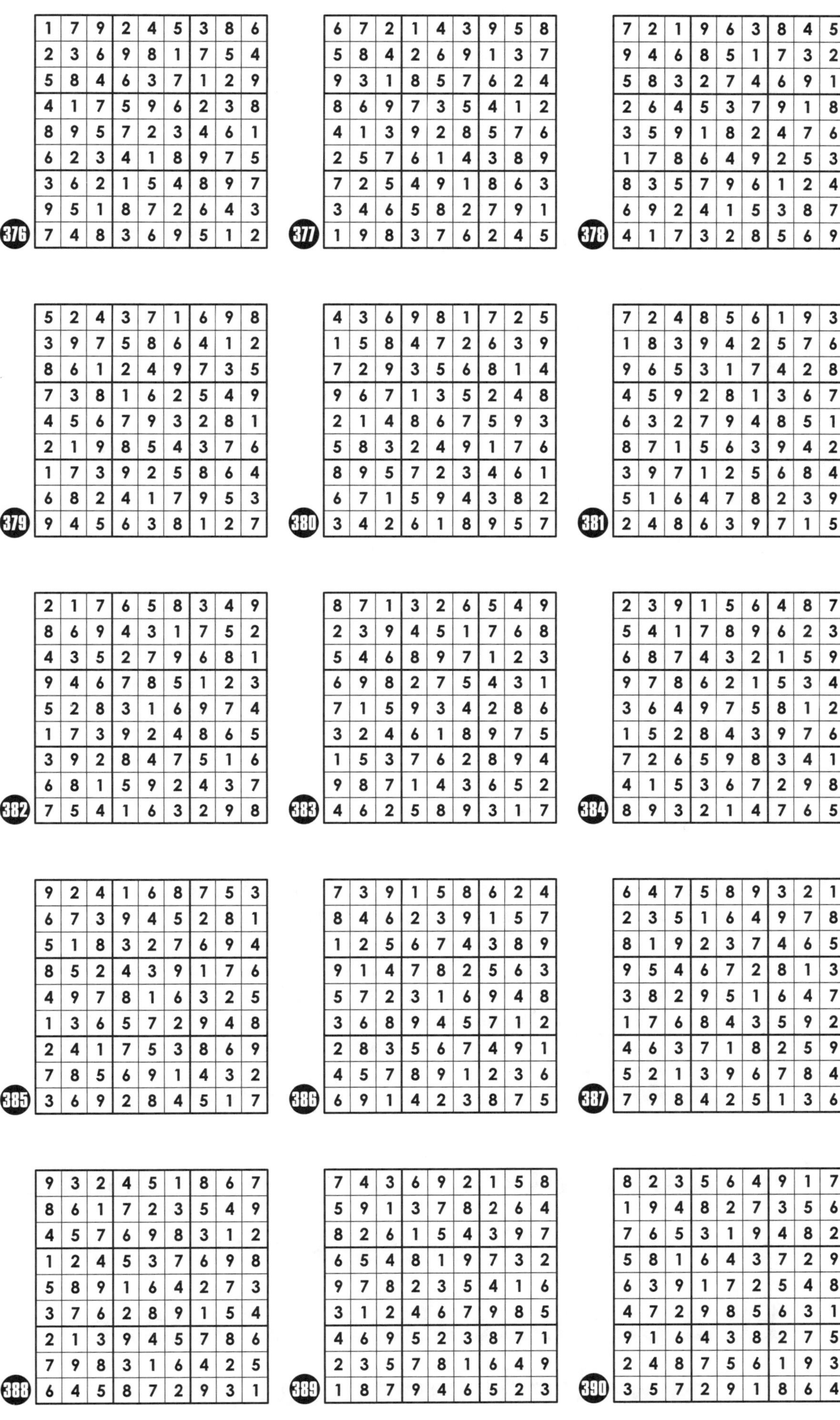

376

1	7	9	2	4	5	3	8	6
2	3	6	9	8	1	7	5	4
5	8	4	6	3	7	1	2	9
4	1	7	5	9	6	2	3	8
8	9	5	7	2	3	4	6	1
6	2	3	4	1	8	9	7	5
3	6	2	1	5	4	8	9	7
9	5	1	8	7	2	6	4	3
7	4	8	3	6	9	5	1	2

377

6	7	2	1	4	3	9	5	8
5	8	4	2	6	9	1	3	7
9	3	1	8	5	7	6	2	4
8	6	9	7	3	5	4	1	2
4	1	3	9	2	8	5	7	6
2	5	7	6	1	4	3	8	9
7	2	5	4	9	1	8	6	3
3	4	6	5	8	2	7	9	1
1	9	8	3	7	6	2	4	5

378

7	2	1	9	6	3	8	4	5
9	4	6	8	5	1	7	3	2
5	8	3	2	7	4	6	9	1
2	6	4	5	3	7	9	1	8
3	5	9	1	8	2	4	7	6
1	7	8	6	4	9	2	5	3
8	3	5	7	9	6	1	2	4
6	9	2	4	1	5	3	8	7
4	1	7	3	2	8	5	6	9

379

5	2	4	3	7	1	6	9	8
3	9	7	5	8	6	4	1	2
8	6	1	2	4	9	7	3	5
7	3	8	1	6	2	5	4	9
4	5	6	7	9	3	2	8	1
2	1	9	8	5	4	3	7	6
1	7	3	9	2	5	8	6	4
6	8	2	4	1	7	9	5	3
9	4	5	6	3	8	1	2	7

380

4	3	6	9	8	1	7	2	5
1	5	8	4	7	2	6	3	9
7	2	9	3	5	6	8	1	4
9	6	7	1	3	5	2	4	8
2	1	4	8	6	7	5	9	3
5	8	3	2	4	9	1	7	6
8	9	5	7	2	3	4	6	1
6	7	1	5	9	4	3	8	2
3	4	2	6	1	8	9	5	7

381

7	2	4	8	5	6	1	9	3
1	8	3	9	4	2	5	7	6
9	6	5	3	1	7	4	2	8
4	5	9	2	8	1	3	6	7
6	3	2	7	9	4	8	5	1
8	7	1	5	6	3	9	4	2
3	9	7	1	2	5	6	8	4
5	1	6	4	7	8	2	3	9
2	4	8	6	3	9	7	1	5

382

2	1	7	6	5	8	3	4	9
8	6	9	4	3	1	7	5	2
4	3	5	2	7	9	6	8	1
9	4	6	7	8	5	1	2	3
5	2	8	3	1	6	9	7	4
1	7	3	9	2	4	8	6	5
3	9	2	8	4	7	5	1	6
6	8	1	5	9	2	4	3	7
7	5	4	1	6	3	2	9	8

383

8	7	1	3	2	6	5	4	9
2	3	9	4	5	1	7	6	8
5	4	6	8	9	7	1	2	3
6	9	8	2	7	5	4	3	1
7	1	5	9	3	4	2	8	6
3	2	4	6	1	8	9	7	5
1	5	3	7	6	2	8	9	4
9	8	7	1	4	3	6	5	2
4	6	2	5	8	9	3	1	7

384

2	3	9	1	5	6	4	8	7
5	4	1	7	8	9	6	2	3
6	8	7	4	3	2	1	5	9
9	7	8	6	2	1	5	3	4
3	6	4	9	7	5	8	1	2
1	5	2	8	4	3	9	7	6
7	2	6	5	9	8	3	4	1
4	1	5	3	6	7	2	9	8
8	9	3	2	1	4	7	6	5

385

9	2	4	1	6	8	7	5	3
6	7	3	9	4	5	2	8	1
5	1	8	3	2	7	6	9	4
8	5	2	4	3	9	1	7	6
4	9	7	8	1	6	3	2	5
1	3	6	5	7	2	9	4	8
2	4	1	7	5	3	8	6	9
7	8	5	6	9	1	4	3	2
3	6	9	2	8	4	5	1	7

386

7	3	9	1	5	8	6	2	4
8	4	6	2	3	9	1	5	7
1	2	5	6	7	4	3	8	9
9	1	4	7	8	2	5	6	3
5	7	2	3	1	6	9	4	8
3	6	8	9	4	5	7	1	2
2	8	3	5	6	7	4	9	1
4	5	7	8	9	1	2	3	6
6	9	1	4	2	3	8	7	5

387

6	4	7	5	8	9	3	2	1
2	3	5	1	6	4	9	7	8
8	1	9	2	3	7	4	6	5
9	5	4	6	7	2	8	1	3
3	8	2	9	5	1	6	4	7
1	7	6	8	4	3	5	9	2
4	6	3	7	1	8	2	5	9
5	2	1	3	9	6	7	8	4
7	9	8	4	2	5	1	3	6

388

9	3	2	4	5	1	8	6	7
8	6	1	7	2	3	5	4	9
4	5	7	6	9	8	3	1	2
1	2	4	5	3	7	6	9	8
5	8	9	1	6	4	2	7	3
3	7	6	2	8	9	1	5	4
2	1	3	9	4	5	7	8	6
7	9	8	3	1	6	4	2	5
6	4	5	8	7	2	9	3	1

389

7	4	3	6	9	2	1	5	8
5	9	1	3	7	8	2	6	4
8	2	6	1	5	4	3	9	7
6	5	4	8	1	9	7	3	2
9	7	8	2	3	5	4	1	6
3	1	2	4	6	7	9	8	5
4	6	9	5	2	3	8	7	1
2	3	5	7	8	1	6	4	9
1	8	7	9	4	6	5	2	3

390

8	2	3	5	6	4	9	1	7
1	9	4	8	2	7	3	5	6
7	6	5	3	1	9	4	8	2
5	8	1	6	4	3	7	2	9
6	3	9	1	7	2	5	4	8
4	7	2	9	8	5	6	3	1
9	1	6	4	3	8	2	7	5
2	4	8	7	5	6	1	9	3
3	5	7	2	9	1	8	6	4

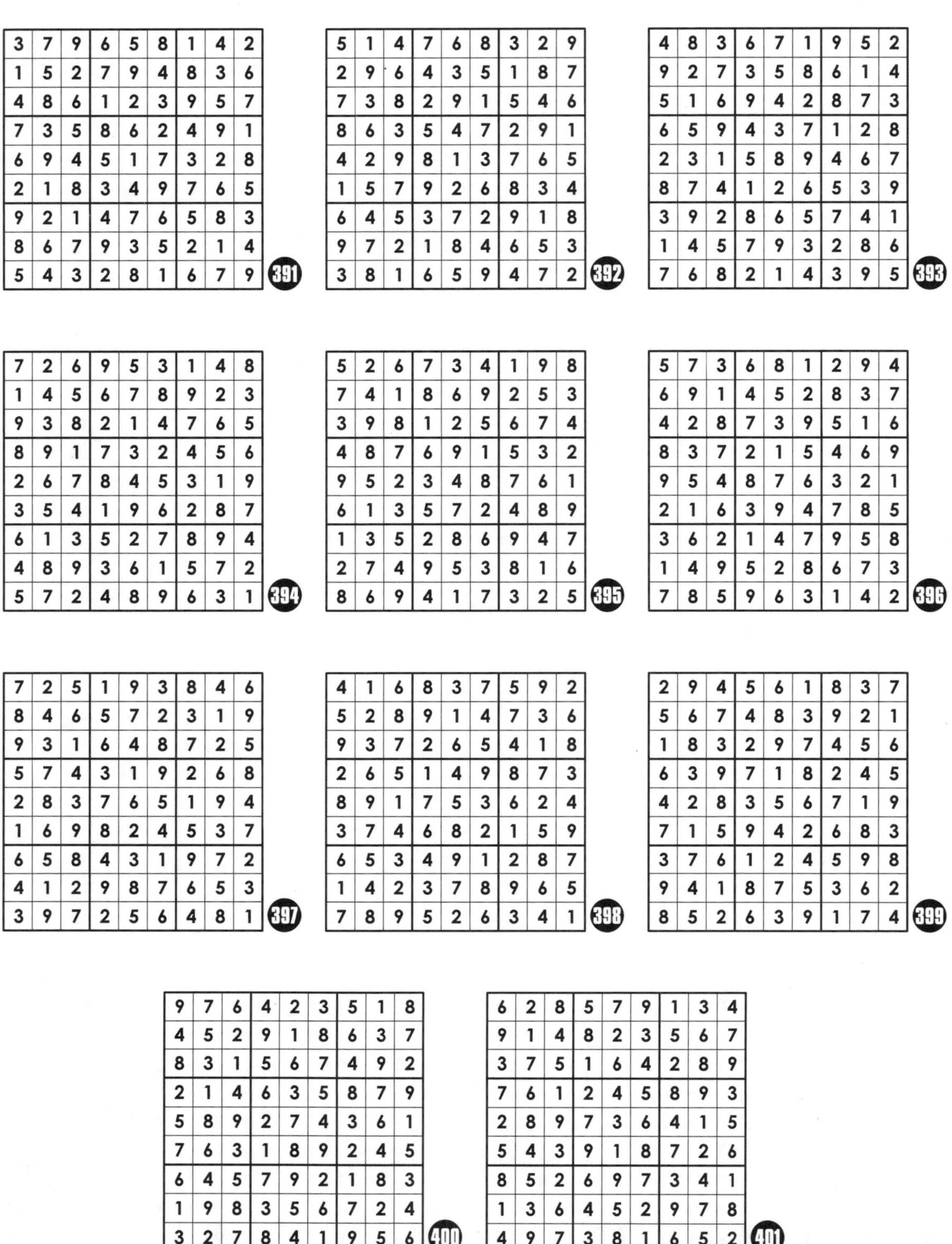

391

3	7	9	6	5	8	1	4	2
1	5	2	7	9	4	8	3	6
4	8	6	1	2	3	9	5	7
7	3	5	8	6	2	4	9	1
6	9	4	5	1	7	3	2	8
2	1	8	3	4	9	7	6	5
9	2	1	4	7	6	5	8	3
8	6	7	9	3	5	2	1	4
5	4	3	2	8	1	6	7	9

392

5	1	4	7	6	8	3	2	9
2	9	6	4	3	5	1	8	7
7	3	8	2	9	1	5	4	6
8	6	3	5	4	7	2	9	1
4	2	9	8	1	3	7	6	5
1	5	7	9	2	6	8	3	4
6	4	5	3	7	2	9	1	8
9	7	2	1	8	4	6	5	3
3	8	1	6	5	9	4	7	2

393

4	8	3	6	7	1	9	5	2
9	2	7	3	5	8	6	1	4
5	1	6	9	4	2	8	7	3
6	5	9	4	3	7	1	2	8
2	3	1	5	8	9	4	6	7
8	7	4	1	2	6	5	3	9
3	9	2	8	6	5	7	4	1
1	4	5	7	9	3	2	8	6
7	6	8	2	1	4	3	9	5

394

7	2	6	9	5	3	1	4	8
1	4	5	6	7	8	9	2	3
9	3	8	2	1	4	7	6	5
8	9	1	7	3	2	4	5	6
2	6	7	8	4	5	3	1	9
3	5	4	1	9	6	2	8	7
6	1	3	5	2	7	8	9	4
4	8	9	3	6	1	5	7	2
5	7	2	4	8	9	6	3	1

395

5	2	6	7	3	4	1	9	8
7	4	1	8	6	9	2	5	3
3	9	8	1	2	5	6	7	4
4	8	7	6	9	1	5	3	2
9	5	2	3	4	8	7	6	1
6	1	3	5	7	2	4	8	9
1	3	5	2	8	6	9	4	7
2	7	4	9	5	3	8	1	6
8	6	9	4	1	7	3	2	5

396

5	7	3	6	8	1	2	9	4
6	9	1	4	5	2	8	3	7
4	2	8	7	3	9	5	1	6
8	3	7	2	1	5	4	6	9
9	5	4	8	7	6	3	2	1
2	1	6	3	9	4	7	8	5
3	6	2	1	4	7	9	5	8
1	4	9	5	2	8	6	7	3
7	8	5	9	6	3	1	4	2

397

7	2	5	1	9	3	8	4	6
8	4	6	5	7	2	3	1	9
9	3	1	6	4	8	7	2	5
5	7	4	3	1	9	2	6	8
2	8	3	7	6	5	1	9	4
1	6	9	8	2	4	5	3	7
6	5	8	4	3	1	9	7	2
4	1	2	9	8	7	6	5	3
3	9	7	2	5	6	4	8	1

398

4	1	6	8	3	7	5	9	2
5	2	8	9	1	4	7	3	6
9	3	7	2	6	5	4	1	8
2	6	5	1	4	9	8	7	3
8	9	1	7	5	3	6	2	4
3	7	4	6	8	2	1	5	9
6	5	3	4	9	1	2	8	7
1	4	2	3	7	8	9	6	5
7	8	9	5	2	6	3	4	1

399

2	9	4	5	6	1	8	3	7
5	6	7	4	8	3	9	2	1
1	8	3	2	9	7	4	5	6
6	3	9	7	1	8	2	4	5
4	2	8	3	5	6	7	1	9
7	1	5	9	4	2	6	8	3
3	7	6	1	2	4	5	9	8
9	4	1	8	7	5	3	6	2
8	5	2	6	3	9	1	7	4

400

9	7	6	4	2	3	5	1	8
4	5	2	9	1	8	6	3	7
8	3	1	5	6	7	4	9	2
2	1	4	6	3	5	8	7	9
5	8	9	2	7	4	3	6	1
7	6	3	1	8	9	2	4	5
6	4	5	7	9	2	1	8	3
1	9	8	3	5	6	7	2	4
3	2	7	8	4	1	9	5	6

401

6	2	8	5	7	9	1	3	4
9	1	4	8	2	3	5	6	7
3	7	5	1	6	4	2	8	9
7	6	1	2	4	5	8	9	3
2	8	9	7	3	6	4	1	5
5	4	3	9	1	8	7	2	6
8	5	2	6	9	7	3	4	1
1	3	6	4	5	2	9	7	8
4	9	7	3	8	1	6	5	2